THOMAS TRESCHER
Totgeschwiegen

Thomas Trescher

TOTGESCHWIEGEN

Warum es der Staat Mördern so leicht macht

Mit einem Vorwort von
Mark Benecke

ISBN 978-3-200-06546-8

© Edition QVV, Wien 2019

Edition QVV ist ein Verlag der Quo Vadis Veritas Redaktions GmbH

Vorwort: Mark Benecke

benecke.com

Umschlaggestaltung und Satz: Sophie Gudenus

Grafiken: Lilly Panholzer

Lektorat: Lucia Marjanović

Druck und Bindung: GGP Media GmbH, Pößneck

Printed in Germany

Besuchen Sie uns im Internet:

totgeschwiegen.at, www.qvv.at und www.addendum.org

INHALTSVERZEICHNIS

WENN DER STAAT WEGSCHAUT

KRANKENHAUS UND PFLEGE

UNERWÜNSCHTE NEBENWIRKUNGEN

VORWORT

Fehler passieren. Depressive Piloten ermorden ihre Passagierinnen und Passagiere, indem sie die Maschine gegen einen Berg oder in den Ozean fliegen. Autorennende Menschen töten Reisende oder Fußgängerinnen und Fußgänger, die ihnen in den Weg kommen. Passiert. Müsste es aber nicht.

Kein Verbot der Welt verhindert, dass Menschen sich unsozial und tödlich verhalten. Ebenso wenig gibt es ein Gesetz gegen unbemerkte Fehler. Nach einer übersehenen Spur fragt niemand. Denn ob Speichel, Sperma, Insektenflügel oder eine Blutspur am Tatort waren, das erhellt nur die- oder derjenige, der sie wahrgenommen hat. Was ich dort nicht gesehen und eingesammelt habe, taucht später weder in der Akte noch im Labor auf. Es gibt keine Liste der nicht eingesammelten Tatort-Spuren.

So kommt es, dass nicht immer klar sein kann, ob ein Mensch getötet wurde. Es könnten ja auch ein Unfall, eine Selbsttötung oder eine Erkrankung – der „natürliche Tod" – zum Tod geführt haben. Um das zu klären, müssten alle toten Personen „durchsucht", also aufgeschnitten, durchleuchtet und untersucht werden. Auch ihre räumliche Umgebung müsste auf Spuren des Täters, der Täterin oder eben deren Abwesenheit durchkämmt werden. Viel Arbeit, die viel Steuergeld kostet. Doch wollen Sie gerne mehr Steuern zahlen? Oder drücken Sie sich mit hundert Tricks davor, die staatliche Spurensuche durch Ihren Anteil zu fördern?

Das also ist Problem Nummer eins: Geld. Ausbildung, Tatort-Lampen, Büros und Labors kosten Geld. So weit, so einfach.

Mit Zeit, Geld und Ausrüstung müssen aber alle Menschen und somit auch „der Staat" haushalten. Als in Görlitz beispielsweise einmal ein Jahr lang fast alle Toten untersucht wurden, zeigte sich, dass auch bei sicher natürlichen Toden fast die Hälfte der im Totenschein eingetragenen „Grundleiden" nicht mit dem Laborbefund übereinstimmten. Das wäre mit Geld und Ausbildung sehr leicht zu lösen. Es kostet aber Steuergelder oder Krankenkassenbeiträge.

Die zweite Schwierigkeit ist kniffliger: falsche Grundannahmen. Ein Ehepaar hat so richtig Krach, es knallt, die Leiche des einen wird später gefunden, die Lebensversicherung hat schon gezahlt? Dann sieht es für den lebenden Partner oder die lebende Partnerin finster aus. Ein junger Mann, dauernd pleite, lügt sich und seinen Verwandten sein ganzes Leben zurecht. Dann stirbt seine steinreiche Tante, und er war in der Nähe. Ziemlich klarer Fall.

Wir wissen aber, dass alleine in den USA seit den 1990er Jahren jährlich etwa zehn Personen aus den Todeszellen oder aus lebenslanger Haft – und damit ist in den USA oft tatsächlich „das gesamte restliche Leben" gemeint – entlassen werden, weil zwar alles durch alle Instanzen sonnenklar war. Doch dann werden Jahre oder Jahrzehnte alte Spuren untersucht, die das Gegenteil beweisen, also zeigen, wer die Tat wirklich begangen hat.

Das allerdings ist noch Glück im maßlosen Unglück, denn die Spuren waren dann noch gelagert und auffindbar. Oft genug sind sie es aber nicht, besonders wenn der Fall als behördlich abgeschlossen gilt. Den Kommissar, der mit hochgeschlagenem Kragen über regennasse Straßen geistert und nach Feierabend auf eigene Faust die Spuren sucht, gibt es nicht. So etwas ist verbo-

ten. Und den Platz, alle Spuren auch nach der Verurteilung auf-
zubewahren, hat auch kaum jemand. Denn Platz kostet erstens
Geld, und zweitens wird er auch für etwas anderes gebraucht.
Wohnraum, Krankenhäuser oder Spielplätze beispielsweise.
Kurz gesagt, es gibt viele andere gesellschaftliche Interessen als
gerichtliche Gerechtigkeit.

Abgesehen von ungeprüften Grundannahmen, dem Glauben an
das Gute und anderen eigentlich gut untersuchten Fehlerquellen
ist eine häufig gestellte und ganz praktische Frage die der im
deutschsprachigen Raum vorliegenden unentdeckten mehr oder
weniger absichtlichen Tötungen. „Mehr oder weniger" deswe-
gen, da Kinder von aufgeregten, verwahrlosten oder unsozialen
Eltern auch ohne Absicht, aber doch mit Wut oder Gleichgültigkeit getötet werden, etwa durch Totschütteln, wenn das Kind zu
viel lärmt oder sonstwie lästig scheint.

Da aber plötzliche, „natürliche" Kindstode zu den häufigsten Todesarten sowohl in der Kriminalistik als auch der Rechtsmedizin und Kinderheilkunde zählen, und da die Ursachen
dafür erstens vielfältig – Zigaretten rauchende Eltern gehörten
dazu – und zweitens nicht endgültig erforscht sind, könnten
hier besonders viele verdeckte Tötungen vorliegen. In England
schätzt man bis zu ein Achtel der plötzlichen Kindstod-Fälle als
unerkannte Gewalttaten ein.

Als für eine deutsche Studie zum plötzlichen Kindstod eine
große Zahl toter Kleinkinder rechtsmedizinisch untersucht wurde, fanden sich circa drei Prozent bis dahin unerkannte Tötungen unter den zunächst als „natürlich" eingeordneten Krippen-
toden oder Meldungen wie „Bauchschmerzen", die allerdings
nach Leichenöffnung und Haar-Untersuchungen als Darmriss

durch Fußtritte, absichtliche Vergiftung mit Tabletten und Ähnliches erklärt werden konnten.

Durch solche wissenschaftlichen – das heißt nicht von der Staatsanwaltschaft beauftragten – Leichenöffnungen in zunächst unverdächtigen Todesfällen wurde dieselbe Menge an Tötungen erkannt wie bei bestehendem polizeilichem Verdacht. Sie haben richtig gelesen. Eigentlich müsste *jede* Kinderleiche seziert werden.

Das allerdings behagt manchen Menschen aus religiösen oder kulturellen Gründen nicht. Manchmal liegt es also auch nicht am Geld.

Zuletzt noch zur häufigsten Frage, die zumindest mir in diesem Zusammenhang gestellt wird: Wie viele *Erwachsene* sterben durch Gift, Gewalt oder Hassausbrüche, ohne dass es auffällt?

Es kommt darauf an. Die Augen aller richten sich beispielsweise weniger auf einsame, nervenkranke, verkauzte oder sozial vergessene Menschen. So kommt es, dass bei „Wohnungsleichen", die einmal Menschen mit wenigen Sozialkontakten waren, vermutlich besonders häufig nur Zufälle bewirken, dass eine angebliche Verstopfung der Lungenadern als Stromunfall erkannt wird: Die tote Person lag bei diesem Fall neben einer neu gekauften Lampe. Der im Nachhinein auffällige Lageort ist allerdings an der Leiche auf dem Edelstahltisch im Institut nicht zu erkennen. Nur die Beschreibung des Fundorts hilft hier weiter.

Ging es schief, dann fehlt es am Austausch von Informationen, die beim Blick von allen Seiten schnell seltsam und „verdächtig", sonst aber nebensächlich wirken können. Öfters würden uns auch bessere Fotos vom Fundort helfen.

Ob ein einsamer Mensch durch eine Plastiktüte erstickt wurde, anstatt dem Alkohol zum Opfer gefallen zu sein, ist aber auch auf einem technisch einwandfreien Foto nicht zu erkennen. Faustschläge, Würgen, Drosseln, Gifte, falsche Geständnisse – all das lässt sich durch einen „Anfangsverdacht" (so heißt es im Behördendeutsch) gut und so in folgende Untersuchungen gießen, dass die Wahrheit durch Spuren dargestellt werden kann. Wenn kein Anfangsverdacht da ist, würde auch ein brachiales „Immer-Alles-Untersuchen" helfen. Aber Sie wissen schon: Das kostet.

Einige Kolleginnen und Kollegen schätzen das Verhältnis von unerkannten zu erkannten Tötungen in Europa auf 1:1 bis sogar 3:1 ein; wie schon erwähnt besonders bei Kleinkindern. Andere sind sich da nicht so sicher, da sie beispielsweise bei der Untersuchung von Leichen vor der Verbrennung im Krematorium auch nach Jahrzehnten nur einmal den klassischen übersehenen Messerstich im Rücken gesehen haben. Die Frage ist nur, wie viele nicht krankheitsbedingte Erstickungen, Fußtritte, als Selbsttötungen erscheinende Erhängungen oder Vergiftungen und unerlaubte Sterbehilfen sich darunter befunden haben.

Große, weltweite Studien würden helfen, da sind sich alle Kolleginnen, Kollegen und ich einig. Dann werden wir die genauen Zahlen erfahren.

Bis dahin gilt: Jeder Fall ist ein Einzelfall. Ich würde als Kriminal-Praktiker daher dazu raten, dass Sie im Zweifelsfall erstens eine sehr gute, fachlich erfahrene Anwältin oder einen ebensolchen Anwalt hinzuziehen. Sofort und ohne Zögern. Andernfalls ist die Akte geschlossen, sind die Spuren weggespült und die Leiche gewaschen, begraben oder verbrannt.

An dieser Hürde – der schnellen rechtlichen Beratung – scheitern die meisten unserer Klienten und Klientinnen. Sie vertrauen lieber auf den Staat, die Gerechtigkeit oder das Gute anstatt auf Druck von unten.

Zweitens sollte sich niemand scheuen, die Wahrheit aufzuschreiben, notfalls bei einer Notarin oder einem Notar. Einer unserer Klienten hatte sich jahrelang nicht getraut, ein Tötungsdelikt anzuzeigen, weil er kein Gerede im Dorf wollte: Der Täter war einer seiner Verwandten. Am Ende saß der Zeuge selbst im Gefängnis, weil er plötzlich aus anderen Gründen als Hauptverdächtiger galt. Hätte er von Anfang an offen beschrieben, was er gesehen hatte, so wären die dazu passenden Spuren noch an Ort und Stelle gewesen und hätten seine Aussage bestätigt. Nun waren sie jedoch verschwunden und das Mordzimmer renoviert.

Drittens rate ich dazu, einzusehen, wenn es zu spät ist. Die meisten Kinder aus der DDR, die ihren Eltern weggenommen wurden, sind entweder längst zersetzt, falls sie damals gestorben waren, oder die Kinder haben nie erfahren, dass sie zwangsadoptiert wurden. Manchmal gibt es eben keine Spuren mehr. Oder die Spurensuche ist den Angehörigen zu anstrengend.

Wie schon gesagt: Dinge gehen schief. Sie müssen es aber nicht.

Schauen Sie hin, machen Sie Druck, und sehen Sie ein, wenn es zu spät ist.

Mark Benecke
Kriminalbiologe

WARUM DER STAAT MORDE ÜBERSIEHT

„Sie haben nie nach ihm gesucht":
Der Fall Raven Vollrath

Der Anwalt hat ihnen abgeraten, der Bestatter auch. Ihr Mann hat gesagt, er kann das nicht. Nicht auch das noch. „Dann gehe ich alleine", hat sie gesagt. Um ihrem Sohn so nahe wie möglich zu sein. Natürlich kommt ihr Mann doch mit, nach allem, was sie gemeinsam durchgemacht haben. Also stehen sie auf dem Friedhof neben dem Grab ihres Sohnes, sehen dabei zu, wie er wieder aus der Erde gehoben wird. Es ist ihre letzte Chance zu erfahren, welches Geheimnis er mit unter die Erde genommen hat.

„Sie werden mich jetzt vielleicht für verrückt halten, aber am liebsten hätte ich ihn eingepackt und mit nach Hause genommen", sagt sie. Sie habe nicht einmal einen Geruch wahrgenommen. Ihr Mann sitzt daneben und sagt nur: „Na ja ...". Sie hat das Grausame nicht gesehen. „Ich habe mein Kind gesehen."

Warum ihnen der Bestatter dringend von der Exhumierung abgeraten hat, sehen sie schnell: Ihr Kind war „pietätlos beerdigt", sagt sie; kein Zinkeinsatz, keine Decke, kein Kissen. „Sogar der Bestatter hat uns beschissen." Es ist ein letzter Schlag ins Gesicht. „Unser Anwalt hat gesagt, wir sollen ihn verklagen, aber wir hatten nicht mehr die Kraft dafür." Nach allem, was sie mitgemacht hatten, war es ihnen das nicht wert. Maryon und Günter Vollrath haben nicht nur ihren einzigen Sohn verloren. Nicht nur gegen das Versagen der Behörden gekämpft. Sondern auch gegen ein bewusstes und offensives Wegschauen. Gegen offene Feindseligkeit der Behörden. Am Ende, erzählen sie, „war die Wut auf den Staat Österreich größer als die Wut auf den Mörder unseres Sohnes".

Am 22. Dezember 2005 hat Maryon Vollrath abends zum letzten Mal mit ihrem Sohn telefoniert, um 17.05 Uhr, sie weiß es heute noch. Zwanzig Tage zuvor, am 2. Dezember, ist Raven mit einem Freund nach Tirol gefahren, den er in seiner Heimat Ilmenau in Thüringen im Zuge eines 1-Euro-Jobs für Hartz-IV-Empfänger kennengelernt hat. Markus hatte einen Job beim Rohnenlift im Tiroler Ort Zöblen in Aussicht, und Raven hat eine Chance gesehen, dort auch an Arbeit und selbstverdientes Geld zu kommen. Beim Rohnenlift hat es zwar nicht geklappt, dafür konnte er in Hochsölden als Hausmeister im „Sonnenhotel" arbeiten.

Seine Mutter ist stolz auf ihn, dass er sein Leben selbst in die Hand nimmt. Tirol ist eine logische Wahl, er liebt die Berge genauso wie seine Eltern. Raven ist das Nesthäkchen der Familie, er kommt 1980 acht Jahre nach seiner Schwester zur Welt. Die Großmutter hat den Namen ausgesucht, sie stirbt kurz nach Ravens Geburt. Der gewaltsame Tod war immer präsent im Leben der Vollraths, auch Günter Vollraths Bruder wurde einst ermordet. Vielleicht ist er deshalb weniger erfreut, dass sein Sohn Raven das Nest verlassen will, noch dazu so kurz vor Weihnachten. Er solle doch den Jahreswechsel noch abwarten, vielleicht ergäbe sich doch noch etwas in der Heimat. „Es war das erste Weihnachten ohne unseren Sohn. Seitdem gibt es kein Weihnachten mehr."

Am 21. Dezember kommt es zu einem Streit zwischen Raven und seiner Chefin im „Sonnenhotel", er packt seine Sachen. Früh am nächsten Morgen fährt er nicht zurück in die Heimat, sondern nach Zöblen, um bei Markus und dessen Mutter, die mittlerweile mit ihrem Sohn dort lebt, unterzukommen. Sie leben im ersten Stock des Liftgebäudes und stellen ihm eine Klappmatratze zur Verfügung. Zöblen im Außerfern ist eine abgelegene Gegend im letzten Winkel Tirols, zwei Autostunden von Innsbruck entfernt. Außerhalb der Saison wirkt es so, als wäre man hinter der Wand aus Marlen Haushofers Roman gelandet: Die Gebäude sind alle da, aber die Menschen fehlen. Im Dezember ist es ein beliebtes Skigebiet für jene, die ein bisschen abseits des Trubels riesiger Skigebiete auf der Piste stehen wollen.

Bis heute fahren Ravens Eltern immer wieder hierher, um ihres Sohnes zu gedenken, mindestens einmal im Jahr. Es ist immer noch schwierig, wenn die Erinnerungen wieder wie eine Lawine auf sie einstürzen. Mittlerweile sind beide im Pensionsalter, in Ilmenau vermieten sie Ferienwohnungen. Gerade erst haben sie sich schweren Herzens von ihrem Auto getrennt; jenem Auto, mit dem sie damals losgefahren sind, um nach ihrem Sohn zu suchen. „Das Leben geht zwar weiter, aber es ist anders." Mittlerweile fahren sie wieder gerne in den Urlaub, am liebsten zum Wandern in die Berge.

Raven hatte ein inniges Verhältnis zu seinen Eltern, sie telefonierten fast jeden Tag, oft mehrmals. Aber am 23. Dezember, kurz nach dem Zerwürfnis mit seiner Chefin: nichts. Es ist der letzte Tag, an dem er in Zöblen gesehen wird. Am 24. Dezember: nichts. „Am Heiligen Abend ruft man doch die Familie an." Am 25. und am 26. Dezember: noch immer nichts. In ihrer Heimat Ilmenau wollen die Eltern am 26. Dezember eine Vermisstenanzeige aufgeben, aber sie wird abgelehnt: Raven sei 25 Jahre alt, er könne machen, was er wolle.

Telefonisch versuchen sie, in Tirol sein Auto suchen zu lassen, und bekommen den Hinweis, dass es auf dem Parkplatz des Rohnenlifts stehe. Es ist unversperrt, wie sich herausstellt; mit seiner Geldbörse, seinem Führerschein, seinem Sozialversicherungsausweis und seinem Personalausweis im Auto. Maryon Vollrath fragt bei der österreichischen Polizei nach, ob das Auto sichergestellt werde, was verneint wird. Mit dem ADAC lassen sie es nach Oy-Mittelberg im bayerischen Allgäu überführen. Am 30. Dezember fahren Maryon und Günter Vollrath die 450 Kilometer von Ilmenau nach Zöblen, um nach ihrem Sohn zu suchen. Auch dort interessiert sich die Polizei nicht für den Fall, vielleicht sei er auf eine Skihütte gewandert. „Wo soll er denn hin ohne seine Dokumente?", fragt Maryon Vollrath. „Papiere kann man sich besorgen", soll der Polizist geantwortet haben.

Maryon und Günter Vollrath sprechen mit Markus, er raucht Zigarette um Zigarette, mit einem Mädchen sei Raven irgendwann nächtens losgezogen, Helena oder Elena. Sein Waschzeug ist noch da, Raven nicht mehr. Tage vergehen, Wochen, Monate sogar. Die Polizei tut: nichts. „Die haben Raven nie gesucht."

Am 15. Februar, fast zwei Monate nach Ravens Verschwinden, wird Markus von den Behörden einvernommen, um den letzten Tag zu rekonstruieren, an dem Raven gesehen wurde. Sie waren Ski fahren, gibt er zu Protokoll. Abends hätten sie dann getrunken, im Tannheimer Hofbräuhaus, im Route 66 und zuletzt im Giggihi, ein paar Bier und einen Tequila, kein schlimmes Besäufnis. Raven habe ihm von Helena erzählt, vermutlich eine Russin, jedenfalls mit Akzent und einer guten Figur – sie habe ihm gefallen, und Raven wollte sie treffen, zu Weihnachten, am nächsten

Morgen. Markus habe am 24. arbeiten müssen, deshalb habe sein Wecker schon um 6 Uhr morgens geläutet. „Wie der Wecker geklingelt hat, war der Raven schon nicht mehr da. Die Klappmatratze hat er mitgenommen." Er habe sie extra aus Deutschland mitgenommen, mit Raven sei sie spurlos verschwunden. „Die Matratze fehlt bis jetzt", sagt er der Polizei. Mehrfach habe er versucht, ihn zu erreichen. „Das Handy war aber immer aus." Er habe angenommen, dass Raven von Helena abgeholt worden war, da sein Auto noch auf dem Parkplatz stand.

Raven sei natürlich betrübt gewesen, weil es mit dem Job in Sölden nicht geklappt habe, aber auch nicht so sehr, dass er sich etwas antun würde. „Jetzt mache ich mir natürlich schon Sorgen, dass auch in dieser Richtung was passiert sein könnte." Diese These verfolgt mittlerweile offenbar auch die Polizei: „Wahrscheinlich hat er sich irgendwo aufgebammelt", sagt ein Polizist zu Ravens Vater in Deutschland, als auch die Exekutive nicht mehr glaubt, dass er nur auf einer Skihütte ist – der Polizist bestreitet diese Aussage mittlerweile. Fest steht, dass die Polizei erst Mitte Februar, 50 Tage nach Raven Vollraths Verschwinden, zaghafte Schritte unternimmt, um nach ihm zu suchen.

Aus einem Aktenvermerk der Polizeiinspektion Grän geht hervor, dass diese erst Mitte Februar beim letzten Quartier von Raven im Skilift in Zöblen „Nachschau gehalten" hat – freilich vergeblich. Am selben Tag ist die Umgebung des Skilifts zwischen Zöblen und Schattwald abgesucht worden. Drei Briefe, die an Raven adressiert waren, übergibt Markus der Polizei. Knapp eine Woche später, am 22. Februar, fragt die Polizei bei den beiden Banken Zöblens nach, ob Raven Vollrath dort ein Konto eröffnet habe – hat er nicht, oder wie es die Polizei formulierte: „Beide Banken waren negativ."

Am 23. Februar, Tag 58 nach der Vermisstenanzeige, wird in einem Stadel etwa 500 Meter vom Rohnenlift eine Blutlache im Schnee entdeckt und gesichert – weitere Spuren werden nicht gefunden. Ob das Blut menschlichen oder tierischen Ursprungs ist, „müsste durch die Gerichtsmedizin geklärt werden", steht in dem Aktenvermerk – dorthin geschickt wurde es offenbar nie. Tags darauf ist ein Polizist mit Diensthund „Ursus" unterwegs, auch diese Suche ergibt keinen Hinweis. „Eine groß angelegte Suche mit Suchhunden erscheint dem Beamten dzt vor allem aufgrund der Schneelage nicht sinnvoll", ist im Akt vermerkt.

Aber Günter Vollrath wird irgendwann von der Polizei einvernommen. „Da dachte ich endgültig, dass ich im falschen Film bin." Ob es einen Streit gegeben habe, irgendetwas müsse doch vorgefallen sein. Immer wieder fahren die Vollraths nach Tirol, befragen selbst Personen, die Raven kannten. In einem kleinen Notizbüchlein vermerkt Maryon Vollrath dutzende Namen und Telefonnummern, sie lässt sich die Anrufliste seines Handys vom Betreiber schicken, die sie nur bekommt, weil sie Ravens Passwort beim ersten Versuch errät. Die Eltern hängen Plakate auf, die wieder heruntergerissen werden. Die Vollraths machen nicht nur die Arbeit der Polizei, sie sind auch lästig, kratzen am schönen Schein des Tiroler Skiorts im Tannheimer Tal, in dem ein junger Mann spurlos verschwunden ist. Ein Erlebnis wird Maryon Vollrath nie vergessen: Am Hauptplatz von Zöblen bleibt eine Frau mit ihrem Fahrrad stehen und sagt nur einen Satz zu ihr: „Sie erfahren hier gar nichts."

In einem trockenen Bachbett wird er gefunden, am 10. Juni 2006 gegen 16.50 Uhr, rund zwei Kilometer von seinem letzten Wohnort entfernt. Zwei deutsche Spaziergänger entdecken die Leiche.

Es habe furchtbar gestunken, dann haben sie den Körper gesehen. Er liegt unter einer Autobrücke, als wäre er dort einfach hinuntergeworfen worden. Der Tatort wird nicht gesichert oder abgesperrt, die beiden Spaziergänger müssen von den Behörden selbst einfordern, dass ihre Personalien aufgenommen werden: „Wir sind doch wichtige Zeugen!" Nebenan im Ort Schattwald ist gerade Feuerwehrfest, vielleicht will sich niemand beim Feiern stören lassen. Als Todesursache wird vom herbeigerufenen Arzt „Tod durch Erfrieren" festgestellt. „Das ist der eigentliche Skandal", sagt Günter Vollrath. „Er hat den Polizisten gefragt: Was soll ich auf den Totenschein schreiben? – Ach schreib drauf: Tod durch Erfrieren. – Also, es ist eigentlich unglaublich. Er war gar nicht berechtigt, so eine Äußerung zu machen. War aber so, und so ist das sofort in eine andere Schiene gelaufen."

Am 12. Juni erfahren die Vollraths vom Leichenfund. „Wir brauchen DNA von Ihnen", sagen die Ermittler am Telefon. Um die Leiche identifizieren zu lassen. Während ihr Mann nur auf die Gewissheit wartet, hat Maryon Vollrath noch Hoffnung, dass es ein anderer sein könnte: „Ich wollte Hoffnung haben. Bin in die Kirche gegangen, habe Kerzen angezündet. Und an dem Tag, wo wir die Todesnachricht gekriegt haben, brannte die Kerze nicht mehr. Ging nicht an, ging absolut nicht an." Am 30. Juni kommt der Anruf. „Sie können ihn heute gleich holen. In Innsbruck." Ein Anruf, mehr nicht. „Wir waren alleine. Da kommt kein Seelsorger, da kommt niemand, niemand. Wir mussten mit der ganzen Situation einfach alleine fertigwerden."

Als wenig später der Obduktionsbericht ankommt, ist sie nicht in der Lage, ihn zu öffnen. Ihr Mann geht in den Garten, liest ihn durch und sagt: Lies ihn nicht. Sie liest ihn noch in dieser Nacht, als ihr Mann schon schläft. „Das war nicht schön."

Bei dem Toten, war im Obduktionsbericht des Innsbrucker Gerichtsmediziners Walter Rabl zu lesen, „handelt es sich um eine teilweise skelettierte Leiche, die Weichteile am Becken sind teilweise in Verflüssigung begriffen, reichlich madenbefallen. In der Umgebung des Kopfs auch einige Käfer angetragen." Es ist nichts, was eine Mutter über ihren Sohn lesen sollte.

„Der Brustkorb ist soweit jetzt beurteilbar weitgehend intakt. Im Brustinnenraum reichlich Fremdmaterial mit blattartigen Antragungen, auch ein Stein und Holzanteile. Die Brustorgane sind nicht mehr vorhanden." Die Todesursache bleibt durch die Obduktion unklar. „Bei den Untersuchungen konnten keine Knochenbrüche festgestellt werden, die allenfalls zu Lebzeiten entstanden sein könnten. [...] Die eigentliche Todesursache konnte bei dem gegebenen Erhaltungszustand der Leiche nicht mehr festgestellt werden. Schädelbrüche oder Einblutungen in den Schädelinnenraum konnten nicht befundet werden."

Die Ermittler glauben weiter nicht an ein Verbrechen, oder es interessiert sie nicht. Ihre Version seines Todes: Raven Vollrath habe sein Zimmer am 24. Dezember in den frühen Morgenstunden lediglich mit einer Unterhose und einem Socken bekleidet bei einer Temperatur von −11 °C verlassen und die Matratze, auf der er geschlafen hat, mitgenommen und sei fast nackt mit der Matratze an seinem unversperrten Fahrzeug vorbei über 2,5 Kilometer zu Fuß auf der verschneiten Landstraße entlanggegangen. Dann sei er über unwegsames Gelände zum Bachlauf hinuntergeklettert und habe sich dort unter einer Brücke bei einer Schneedecke von fünfzig Zentimetern auf seine Matratze gelegt und sei erfroren. Kein Fremdverschulden, Akt geschlossen.

„Seien Sie froh, dass wir ihn gefunden haben, andere werden nie gefunden. Beim nächsten Gewitterguss wäre das Häufchen

Knochen auch noch weggespült worden", sagt ein Polizist zu den Vollraths – er bestreitet auch diese Aussage mittlerweile. „Das ist für eine Mutter schon hart", sagt Maryon Vollrath. Selbst die Fundstelle will die Polizei den Vollraths zunächst nicht zeigen. „Wir haben dann ein ordentliches Theater auf der Polizeistation gemacht", erzählt sie. Mittlerweile steht am Fundort ein Kreuz mit dem Bild ihres getöteten Sohnes. Zumindest am Jahrestag seines Auffindens sind sie immer dort. Die Mutter geht dann die steile Böschung an der Brücke hinunter, küsst das Bild ihres Sohnes, streicht ihm mit der Hand übers Gesicht. Es ist ihnen wichtig, dass es gesehen wird, dass sich vorbeikommende Menschen fragen, was hier wohl vorgefallen ist. Regelmäßig, erzählt Maryon Vollrath, fallen hier Bäume um. Aber das Kreuz haben sie noch nie umgestoßen.

Die Polizei stellt ihre Erhebungen zu Ravens Tod etwa drei Monate nach dem Auffinden der Leiche ein. Mit einer These, die, wie es der Anwalt der Vollraths formuliert, „nicht nur nach allgemeiner Lebenserfahrung völlig abwegig", sondern auch „durch kein einziges Ermittlungsergebnis belegt" war. Eine nach der Einstellung der Ermittlungen am 6. September 2006 erstattete Dienstaufsichtsbeschwerde hat nur die Bemerkung der Innsbrucker Staatsanwaltschaft zur Folge, dass sich die Vollraths „anscheinend nicht mit dem Ableben ihres Sohnes, und insbesondere damit, dass seine letzten Stunden nicht aufgeklärt werden können", abgefunden haben.

Das haben sie tatsächlich nicht, deshalb ermitteln sie auf eigene Faust weiter, monatelang. Um die zwanzigmal fahren sie nach Tirol. „Und jedes Mal ein kleines Puzzlestück, irgendjemand hat sich verplappert oder so etwas." Sie erfahren zum Beispiel, dass Mitte Mai 2006 eine Flurreinigung stattgefunden hat, bei der die Matratze gefunden wurde, auf der Raven geschlafen hatte, nebst einer Steppdecke und einem Teppich. Ravens Leiche wird damals noch nicht gefunden, und die Gegenstände werden einfach entsorgt. Die Vollraths finden einen Anwalt und einen Journalisten, die ihnen glauben, und nach einer ORF-„Thema"-Sendung werden die Ermittlungen im Sommer 2007 wieder aufgenommen. Es dauert bis zum Februar 2008, bis Markus' Mutter Gabriele S. in Deutschland einvernommen wird.

Es ist kaum auszumalen, wie viel Kraft es die Vollraths gekostet haben muss. Nicht trauern zu können, nicht loslassen zu können. Jedes Detail in Erfahrung zu bringen, das mit dem Tod des eigenen Sohnes zu tun hat. „Und das als einfache Hausfrau", sagt Maryon Vollrath immer wieder. Sie hatte ein beschauliches Leben gewählt und wurde in einen Kriminalfall geworfen, in dem sich fast alle gegen sie verschworen hatten.

Bei ihrer zweiten Vernehmung gesteht Markus' Mutter: Ihr Sohn hat Raven erstochen, sie hat ihm geholfen, die Leiche zu beseitigen. Noch am selben Tag wird Markus festgenommen. Sie bestätigt, was die Vollraths lange schon vermutet hatten. „Die zwei waren zuletzt mit ihm im Zimmer, wer soll es denn sonst gewesen sein? Wenn man den jetzt so vor sich sieht das erste Mal, ist er eigentlich eine ganz zierliche Person. Das hat man ihm gar nicht angesehen, dass er zu so einer Tat fähig ist. Aber letztendlich ist das ja ganz oft so."

Gegen Mitternacht seien Raven, Markus und seine Mutter von der Kneipentour zurückgekommen, so weit stimmt die Aussage ihres Sohnes bei der Polizei noch. Aber eine Helena hat Raven vermutlich nie gekannt. Als Gabriele S. von der Toilette im Untergeschoß zurückkommt, stürzt ihr Sohn ihr mit einem Messer in der Hand entgegen und sagt, es sei etwas Schlimmes passiert. Er habe geweint und gesagt, dass Raven tot sei. Mit einem scharfen Küchenmesser hat er mindestens viermal im Brustbereich auf ihn eingestochen. Warum, das wissen die Vollraths bis heute nicht.

Gabriele S. will die Rettung rufen, ihr Sohn lehnt das ab. Sie schaut in das Zimmer und sieht den blutigen Raven auf dem Rücken auf der Matratze liegen. Zwei Stunden lang überlegen sie, was sie tun sollen. Markus legt dann die Leiche in den Kofferraum von Ravens Auto, verstaut die Matratze, das Bettzeug und einen beigen Badeteppich ebenfalls im Auto, und zwischen 2 und 3 Uhr morgens fahren sie los, um die Leiche zu beseitigen. In Haslach am Grüntensee, etwa eine halbe Autostunde von Zöblen entfernt, schon über der deutschen Grenze, kommen sie von einem Nutzweg ab, das Auto rutscht in einen Graben. Markus läuft ins nächste Dorf, um Hilfe zu holen, gegen 7.30 Uhr kommt er mit einem Mann zurück zum Auto, der es aus dem Graben zieht. Markus bietet ihm als Dank Freikarten für den Skilift in Zöblen an, er lehnt ab. Markus und seine Mutter fahren zurück nach Zöblen und lassen das Auto mit der Leiche im Kofferraum auf dem Liftparkplatz stehen.

Sie arbeiten an diesem 24. Dezember beide am Skilift, während keine 50 Meter daneben Raven Vollraths Leiche in einem Kofferraum liegt und dutzende ahnungslose Skifahrer daran vorbeispazieren. Nach Dienstschluss am späten Nachmittag, es ist bereits dunkel, fährt Markus noch einmal los. Er fährt die Bundesstraße 199 zweieinhalb Kilometer Richtung Schattwald und legt die Leiche, die Klappmatratze und den Badvorleger unter der Brücke ab. Die Tatwaffe wird nie gefunden. Den Badvorleger findet Günter Vollrath am 16. März 2008 nahe der Fundstelle, fast zwei Jahre, nachdem dort die Leiche seines Sohnes gefunden wurde. Er ist blutig, immer noch.

Es gibt kaum einen Mord, der einfacher aufzuklären gewesen wäre; Markus ist alles andere als ein kriminelles Genie. Noch im Jahr 2008 werden im Zuge der Ermittlungen nach dem Geständnis von Gabriele S. Blutspuren auf dem Holzboden beim Skilift gefunden, dort, wo Raven erstochen wurde, genauso auf der Treppe. Fast drei Jahre nach der Tat ist die DNA nicht mehr verwertbar.

Deshalb ist lange nicht klar, ob der Prozess gegen Markus zu einer Verurteilung führen wird. Er legt kein Geständnis ab und schweigt beim Prozess. Und seine Mutter ist keine besonders glaubwürdige Zeugin.

1992, da wird ihr Sohn gerade eingeschult, wird sie zum ersten Mal stationär in die Psychiatrie Kaufbeuren im bayerischen Allgäu eingewiesen. Sie steht unter Verdacht, dass sie sich und ihren Sohn mit einem Föhn in der Badewanne töten wollte. Anfang des nächsten Jahres überlebt sie einen weiteren Suizidversuch mit schweren Verletzungen; Markus lebt zwischenzeitlich immer wieder bei seiner Großmutter. Durch den Alkoholkonsum seiner Mutter ist das Verhältnis zu ihr schwierig, seinen Vater hat er nie kennengelernt.

Markus selbst bricht zwei Lehren ab und ist wegen geringfügiger Delikte im Konflikt mit dem Gesetz: Verstoß gegen das Betäubungsmittelgesetz, Trunkenheit am Steuer, vorsätzliches Fahren ohne Fahrerlaubnis, Diebstahl – nichts, was auf ein bevorstehendes Tötungsdelikt hindeuten würde. Ab November 2004 arbeitet er erstmals beim Rohnenlift, nach Saisonende dort landet er bei jenem 1-Euro-Job, bei dem er Raven Vollrath kennenlernt. In der nächsten Saison nimmt er sowohl Raven als auch seine Mutter mit nach Zöblen.

Nach der Tat hat sie mit ihrem Sohn über den Vorfall gesprochen, er habe ihr aber nie erklären können, warum er es getan hat. Das Ereignis habe sie aus der Bahn geworfen, im Krankenhaus Kaufbeuren wurde ihr eine schizoaffektive Störung diagnostiziert. Sie habe Markus auch gesagt, dass er ihr Leben versaut habe. Seit September 2006 ist sie wieder in psychologischer Behandlung gewesen, Anfang 2007 soll sie einer Mitarbeiterin der sozialen Betreuungsstelle Kaufbeuren erzählt haben, dass ihr Sohn einen Kumpel getötet habe.

Markus' Schweigen, die mangelnde Glaubwürdigkeit der Mutter, die fehlenden Ermittlungen und dass bei der Obduktion keine Todesursache festgestellt werden konnte: Der Indizienprozess steht auf wackeligen Beinen, ein Freispruch scheint möglich.

„Das wäre zu viel gewesen", sagt Maryon Vollrath. Das hätte sie nicht mehr ertragen. Dann wäre alles umsonst gewesen, würde der Tod ihres Sohnes ungesühnt bleiben.

„Wir haben hoch gepokert", sagt Maryon Vollrath. Sie sind zu Mark Benecke gefahren, dem bekannten deutschen Gerichtsmediziner, „der beschäftigt sich ja nur mit verwesten Leichen". Er hat ihnen zugeraten: „Ihr habt alles verloren, ihr habt euren Sohn verloren, ihr könnt nur gewinnen." Sie lassen Raven exhumieren und noch einmal obduzieren. Das Obduktionsergebnis aus Deutschland: Am Brustbein, an der sechsten und an der siebenten Rippe werden Knochenverletzungen entdeckt.

Bei der Gerichtsverhandlung führt die Rechtsmedizinerin Ricarda Arnold aus, dass die Verletzungen auf „ein spitz zulaufendes Messer mit glattem Schliff" hindeuten. Sie führt weiters „nachvollziehbar aus, dass diese Verletzungen an den Knochen des Leichnams des Raven Vollrath perimortal [also vor seinem Tod, Anmerkung] zugefügt wurden und nicht länger, d.h. im

Bereich von Wochen oder Monaten überlebt wurden", heißt es im Urteil. Dass diese Verletzungen durch Tierfraß oder bei der Bergung entstanden sein können, schließt sie aus. Da die drei nachweisbaren Messerstiche für sich nicht tödlich waren, muss Markus zumindest viermal zugestochen haben. Im Gegensatz zur ersten Obduktion wird in Jena gezielt nach Stichverletzungen am Brustkorb gesucht, aber etwas anderes beschäftigt die Vollraths noch viel mehr: ein Foto des Unterhemds, auf dem Löcher zu sehen sind, von denen sie vermuten, dass es Einstichlöcher sind – die kaum zu übersehen gewesen sein können. Es wurde von der Innsbrucker Gerichtsmedizin verbrannt.

Markus wird wegen Totschlags zu acht Jahren Haft verurteilt. In der Begründung des Urteils heißt es, dass bei dem zum Tatzeitpunkt 20-Jährigen „erhebliche Reife- und Entwicklungsrückstände bestehen und er nach seiner sittlichen und geistigen Entwicklung zum Tatzeitpunkt noch einem Jugendlichen gleichstand", weshalb er trotz seines Alters als Jugendlicher eingestuft wird. Die Tat, steht im Urteil, „wurde von dem Angeklagten ohne einen ersichtlichen Hintergrund begangen". Er ist mittlerweile aus der Haft entlassen.

Maryon und Günter Vollrath entscheiden sich, den Staat Österreich zur Verantwortung zu ziehen. Am 4. Februar 2011 reichen sie eine Schadenersatzforderung von 87.096,69 Euro bei der Finanzprokuratur ein. Sie begründet sich auf „rechtswidrig unterlassene Ermittlungen und fehlerhafte Ermittlungen". 11.231,01 Euro machen allein die Aufenthalts- und Fahrtkosten aus, die entstanden sind, weil die Vollraths die Arbeit gemacht haben, die die ermittelnden Behörden eigentlich tun hätten sollen. Zwanzigmal fahren sie bis zum Urteil nach Tirol, viermal nach Jena, wo die zweite Obduktion stattfindet. Zudem fordern die

Vollraths Schmerzensgeld wegen der psychischen Probleme, die bei den beiden im Zuge der eigenen Ermittlungen um den Tod ihres Sohnes auftraten. Maryon Vollrath ist in nervenärztlicher Behandlung, ihr Mann wird 2008 wegen Krankheit gekündigt.

Es ist nicht die einzige Front, an der sie weiterhin tätig sind: In einem Telefonat mit der Mutter von Markus erzählt ihnen diese, dass es einen Mitwisser gegeben habe, der über all die Zeit geschwiegen hat; einen Freund von Markus, der damals ebenfalls am Skilift arbeitet. Sie wiederholt diese Aussage auch bei einer polizeilichen Vernehmung – Markus und sein Freund sagen beide aus, dass dieser nichts von Ravens Tod wusste. Das Verfahren gegen ihn wird eingestellt, weil eine etwaige Straftat verjährt wäre, und weil außerdem „keine Rechtspflicht dahingehend besteht, Eltern des Opfers gegenüber Angaben zu tätigen". Am 2. Mai 2011 bescheidet ihnen auch die Finanzprokuratur, dass „Anhaltspunkte für rechtswidriges und schuldhaftes Verhalten von Bundesorganen nicht gefunden werden konnten".

Die Vollraths klagen daraufhin die Republik Österreich sowie die Gerichtsmediziner Walter Rabl und Richard Scheitbauer (Zweiteren als Leiter des Innsbrucker Instituts für Gerichtsmedizin) – und verlieren in erster Instanz. Es fehle der Rechtswidrigkeitszusammenhang, wie das juristisch heißt: Anspruch auf Schadenersatz bei unterlassenen Ermittlungen könnten nur zwei Parteien haben, das tote Opfer und die Republik Österreich. Die Eltern seien nicht anspruchsberechtigt. Es sei „daher ein Amtshaftungsanspruch der Erstbeklagten zu verneinen, sodass sich ein Eingehen darauf, ob die konkreten Ermittlungen tatsächlich fehlerhaft oder nicht ausreichend gewesen seien, erübrige". Es sei also egal, ob die Ermittlungen mangelhaft gewesen seien. Zudem haben die Vollraths bereits 2006 eine Dienstaufsichtsbeschwerde eingereicht, in der sie ihre Vorwürfe formuliert haben – weshalb die Sache bereits verjährt sei.

Der Gerichtsmediziner Walter Rabl stellt in seiner Stellungnahme das Obduktionsergebnis in Jena in Zweifel: Die Veränderungen, sprich Stichverletzungen, am Brustbein seien für ihn ohne Skelettierung der Leiche nicht sichtbar gewesen, allenfalls jene an der siebenten Rippe, „möglicherweise aber auch nicht, weil in den zwei Jahren der Erdbestattung diese Veränderung bedeckende Weichteile weiter zerfallen sein konnten". Es handle sich bei dieser Veränderung auch „mit Sicherheit um keine Folge eines Messerstichs". Denn „es ist in der Beschreibung die Rede von Infraktionen [= eingedrückte Knochenanteile] sowohl an der Außenseite wie auch an der Rückseite dieser Rippe die Rede, woraus abzuleiten ist, dass hier sowohl von außen wie auch von innen eine Gewalt eingewirkt hatte. Ein Messerstich kann keine Infraktion an der Innenseite verursachen, wenn er die Rippe nicht durchsetzt. Demgegenüber kann dieser Befund durch Tierfraß (Einwirkung von Ober- und Unterkiefer im Rahmen eines Zubeißens) – auch für einen Laien – zwanglos erklärt werden." Und: „Die übrigen Veränderungen wurden erst nach aufwändigsten Präparationen erkannt."

Offenbar zweifelt er an, dass es sie überhaupt gibt: „Derartige Einstichstellen – sollten solche tatsächlich vorliegen und von einem Messer stammen, was bestritten bleibt – könnten lediglich als Indizien die Version von Stichverletzungen stützen. [...] Wohl handelt es sich bei den von der Gerichtsmedizin Jena als Messereinstichstellen bezeichneten knöchernen Veränderungen um Tierfraß [...], oder um postmortale Schleifspuren" – was allerdings von der Gerichtsmedizinerin in Jena vor Gericht definitiv verneint wurde.

Rabls Anwalt rechnet in einem Schreiben vor, dass das amtliche Kilometergeld bis zum 31.7.2008 nur 0,376 Euro pro Kilometer und nicht wie zum Zeitpunkt der Klage 0,42 Euro pro Kilometer ausgemacht habe – und zweifelt außerdem die Notwendigkeit einiger Fahrten an. Zudem: „Der Zweitkläger wird vorzubringen haben, warum er einen 50 km entfernten Therapeuten aufgesucht hat (und nicht einen in der näheren Umgebung)."

Auch in den nächsten Instanzen scheitern die Vollraths. Von der Republik Österreich haben sie bis heute keinen Cent bekommen. Auch keine Entschuldigung.

„Was soll man da noch machen?"

„Alle hätten mehr Arbeit":
Warum jeder zweite Mord übersehen wird

Es sei eine Geschichte am Rande dessen, was Menschen ertragen können, sagt der Regisseur Fatih Akin über seinen Anfang 2019 erschienenen Film „Der Goldene Handschuh". Der Film basiert auf dem gleichnamigen Roman von Heinz Strunk und erzählt die wahre Geschichte des Fritz Honka, 1935 in eine kinderreiche Familie in Leipzig geboren. Sie ist auf vielen Ebenen schwer auszuhalten. Im Alter von fünf Jahren schlägt ihn sein Vater fast tot; Hitlers Deutschland ist da gerade im Siegesrausch. Paris wird besetzt, Großbritannien bombardiert. Den Vater muss Fritz nicht mehr lange ertragen, der landet im KZ, weil er sich bei der Kommunistischen Partei engagiert hat. Und Fritz Honka in einem Heim, „Jugend-KZ" nennt er es. Auch dort wird er geschlagen und misshandelt, er bleibt in seiner geistigen Entwicklung zurück. Sein Vater überlebt das KZ, stirbt aber 1946 an den Spätfolgen der Lagerhaft und seiner Alkoholsucht.

Honkas Mutter, eine Putzfrau, ist mit den Kindern überfordert, wieder kommt Fritz ins Heim. Er muss eine Maurerlehre abbrechen, weil er gegen den Zement allergisch ist, Zementkrätze nennen sie es. Mit 16 Jahren flieht er über die Grenze des geteilten Nachkriegsdeutschland in den Westen, wo er versucht, sich eine Existenz aufzubauen. Er landet als Hilfsarbeiter auf Bauernhöfen in der Lüneburger Heide, auch dort wird er geschlagen und gedemütigt; bis er versucht, sich umzubringen. Wie so vieles im Leben gelingt ihm auch das nicht. Eine Affäre lässt ihn glauben, dass er ein Kind mit ihr gezeugt hat – er zahlt Alimente, aber der Vater ist er wohl nicht. Honka zieht weiter.

In Hamburg hat er 1956 einen Verkehrsunfall, mit dem Fahrrad wird er von einem Auto gerammt. Der Unfall wird ihn für sein Leben entstellen: Die zertrümmerte Nase steht nach links, sein von Schlägereien gezeichnetes Gesicht sieht sowieso schon zerknautscht aus. Das rechte Auge blickt nach dem Unfall unentwegt nach außen. Auch einen Sprachfehler hat er, er kann kein „sch" aussprechen. „Ich bin unchuldig", wird er deshalb später vor Gericht sagen.

Seine 1957 geschlossene Ehe scheitert nach drei Jahren, weil er seine Frau schlägt und betrügt, das jedenfalls berichten Nachbarn. Trotzdem versuchen die beiden es noch einmal miteinander, die Ehe scheitert 1967 zum zweiten Mal. Dazwischen arrangierte man sich: Seine Frau, so die Erzählungen, ist lesbisch und schleppt für ihn Frauen ab, die er misshandelt. Einmal läuft eine nackt und mit Striemen aus der Wohnung. Aber die Ermittlungen werden eingestellt.

Am 17. August 1972 wird er mit 37 Jahren erstmals erkenntnisdienstlich registriert: Er versucht mit 2,4 Promille Alkohol im Blut eine Frau zum Sex zu zwingen. Sie zeigt ihn an, er wird zu 4.500 D-Mark Strafe verurteilt. Die Frau weiß nicht, dass sie vielleicht einem grausamen Tod entkommen ist. Zu dem Zeitpunkt hat Honka bereits eine Frau getötet und zerstückelt. Eine Frau, nach der niemand sucht. Die niemand vermisst. Deren Verschwinden niemandem auffällt. „Stadtstreicherinnen" nennt man jene meist schon etwas älteren Prostituierten, die ihren Körper für ein Dach unter dem Kopf oder ein paar Cola-Rum verkaufen.

Honka soll vier Promille gehabt haben, als er vermutlich irgendwann im Dezember 1970 die 42-jährige Gertraud Bräuer tötet, die er zuvor in der Kneipe „Zum Goldenen Handschuh" kennengelernt hat. Honka will Sex zu dritt, mit einer anderen Frau, die gerade bei ihm wohnt. Sie lehnt das ab. Als die zweite Frau betrunken eingeschlafen ist, vergewaltigt er Bräuer und erdrosselt sie mit einem Vorhang. Ihr Kopf, ihre Brüste, die Hände und ein Bein werden knapp ein Jahr später auf einem Schrottplatz gefunden. Der Torso fehlt.

Sie ist die erste von vier Frauen, die in Honkas Wohnung sterben. Nach außen hin sind ihm Sauberkeit und Ordnung wichtig, er tritt gerne in schwarzer Uniform auf und lässt sich als „General" betiteln, arbeitet als Wachmann. Abends säuft er, „Fiete" nennen sie ihn in seinen Stammkneipen, eben im „Goldenen Handschuh", heute auch „Honka-Stube" genannt, oder im Elbschlosskeller – wo sich gescheiterte Existenzen treffen und wo Honka versucht, Frauen abzuschleppen. Zahnlos und betrunken, so mag er sie. Und er will sie demütigen. Er spielt sich als Oberwachmann auf, verkleidet sich als SS-Offizier.

Mit der 54-jährigen Anna Beuschel ist er nicht zufrieden, sie sei „dagelegen wie ein Brett", wird er später vor Gericht erzählen, er stranguliert sie 1974 und verstümmelt ihre Leiche. Da hat er bereits vier Jahre lang den Torso von Gertraud Bräuer in seiner Wohnung versteckt, den er nicht entsorgen konnte. Die Nachbarn haben sich bereits beim Hausmeister über den Geruch im Haus beschwert, sogar die Polizei gerufen, aber schuld sind für sie die Ausländer, die im Haus wohnen: Die würden immer mit so exotischen Gewürzen kochen.

So bleibt Honka unentdeckt und mordet weiter. Frida Roblick soll ihm 200 D-Mark gestohlen haben, deshalb tötet er auch sie. Ruth Schuld soll sich über ihn lustig gemacht haben, er zieht ihr eine Flasche Korn über den Kopf und stranguliert sie mit einem Damenstrumpf. Mit einer Säge aus einem Hamburger

Werkzeugladen schneidet er ihr Beine und Brüste ab, trennt Ohrmuscheln, Nasen- und Zungenspitze vom Körper.

Vier verstümmelte und zerstückelte Frauenleichen liegen nun bereits in Plastiksäcken in einer Dachstube, zu der nur er Zutritt hat, sowie in einer Rumpelkammer. Mit zahllosen nach Fichte riechenden Klosteinen versucht er den Geruch zu überdecken. Seine Wohnung hat er mit über 300 Pornobildern tapeziert, überall liegen volle und leere Flaschen herum.

Eine umgefallene Kerze bringt am 17. Juli 1975 Licht in das Grauen der Zeißstraße 74, wo Honka haust. Einer seiner Nachbarn hat die Stromrechnung nicht bezahlt und beleuchtet seine Wohnung deshalb mit Kerzen, eine davon löst einen Brand aus. Es riecht nach einer Mischung aus Verwesung, Fichte und brennendem Fleisch, als die Feuerwehrmänner zur Arbeit schreiten. Im Zuge der Löscharbeiten fallen den Feuerwehrmännern aus einem Verschlag blaue Müllsäcke entgegen – sie enthalten abgetrennte Arme und Beine.

Honka wird zwei Jahre später verurteilt. Er sei vom Leben „kaputt gemacht" worden, argumentiert sein Anwalt Rolf Bossi. Er ist damals einer der bekanntesten Strafverteidiger des Landes, sogar Romy Schneider zählt zu seinen Klienten. Es ist wohl das Unvermutetste, was Honka je widerfahren ist: in einem Atemzug mit Romy Schneider genannt zu werden, in welchem Zusammenhang auch immer. Honka, der „biographische Krüppel" mit „völlig abartiger Triebhaftigkeit", wie es Bossi formuliert. Er habe allein „aus der Situation heraus getötet". Müsse wegen seiner nekrophil-sadistischen Neigung „eine unbezwingbare Lust verspürt haben, die toten Frauen zusätzlich noch zu verstümmeln". Honka selbst widerruft ein zunächst abgelegtes Geständnis.

Das Urteil fällt mild aus: eine Verurteilung wegen Mordes an Anna Beuschel und drei wegen Totschlags, alle begangen im Zustand verminderter Zurechnungsfähigkeit. Er wird zu 15 Jahren Freiheitsstrafe und zur Unterbringung in einer Psychiatrie verurteilt. Begründet wird das Urteil mit „einem Persönlichkeitsabbau infolge jahrelangem schwerem Alkoholmissbrauch, der zu organischen Folgeerscheinungen führte, zum anderen eine Lebens- und Persönlichkeitsverwahrlosung, die nach jahreskontinuierlichem Abstieg ihren Tiefpunkt darin findet, dass er schließlich im niedrigsten Milieu St. Paulis anzutreffen ist (Goldener Handschuh usw.). [...] Der Umstand, dass es ihm möglich war, mit den Leichen, deren Geruch ständig in der Luft hing und die in Verwesung übergegangen waren, und in denen sich Käfer und Maden eingenistet hatten, in der Wohnung zusammenleben konnte, macht das deutlich." [sic]

1998 stirbt Honka als Peter Jensen. Diesen Namen trägt er nach seiner Entlassung 1993, er lebt unerkannt in einem Altersheim. Das Pflegepersonal wird sich darüber gewundert haben, dass er sich im Zuge zunehmender Wahnvorstellungen immer und immer wieder darüber beklagt hat, dass es in seinem Zimmer nach verwesenden Leichen stinke.

Der Fall Honka sollte auch den jungen Rechtsmediziner Bernd Brinkmann zu einem seiner Lebensthemen führen. „Ich wollte unbedingt Arzt werden, es gab lediglich ein Problem: Ich wusste, dass jeder Arzt mit Leichen umgehen muss, und sei es lediglich bei der Leichenschau. Insofern hatte ich Bedenken, dies zu schaffen. Ich hatte noch nie eine Leiche untersucht, geschweige denn gesehen. Die Vorstellung, ich müsse später in meinem ärztlichen Beruf Leichen gründlich untersuchen, löste Unbehagen aus", erzählt er heute, kurz nach seinem 80. Geburtstag, im Institut für forensische Genetik in Münster, in dem er noch immer arbeitet.

An der Wand hängen ein Foto seines beruflichen Ziehvaters Erich Fritz und ein Bild mit dem Titel „Das Mädchen und der Tod"; es zeigt eine junge Frau mit geöffnetem Brustkorb, über das sich der Sensenmann beugt. Hinter dem Schreibtisch stehen Bücher mit Titeln wie „Ersticken – Fortschritte in der Beweisführung". Er hat das Institut mit 65 Jahren gegründet, nach seiner Pensionierung als Leiter der Rechtsmedizin in Münster – eine Funktion, die er von 1981 bis 2007 innehatte. Brinkmann war Präsident der Deutschen Gesellschaft für Rechtsmedizin, beschäftigte sich intensiv mit dem plötzlichen Kindstod und dem Tod durch Ersticken, spezialisierte sich früh auf DNA-Analysen. Er gilt als Koryphäe seiner Zunft, und für den von Jan Josef Liefers gespielten Gerichtsmediziner im „Tatort" aus Münster soll Brinkmann die Vorlage geliefert haben.

Aber für all das muss er sich erst an den Umgang mit toten Menschen gewöhnen. Er fängt also an, neben dem Studium bei der Leichenannahme an der Universität zu arbeiten, der Anblick von toten Körpern wird schließlich zur Normalität. Brinkmann schlägt die Laufbahn eines Gerichtsmediziners ein. Langsam wird er auf seine Aufgabe vorbereitet, an das Zerlegen von Leichen herangeführt. Zunächst sieht er nur dabei zu, wie sie aufgeschnitten und ausgenommen werden – die inneren Organe werden neben der Leiche aufgelegt. Irgendwann darf er ein Herz sezieren und schließlich, nach einem Jahr Vorbereitung, selbst den ersten Schnitt an einer zu sezierenden Leiche setzen.

1972 habilitiert er sich in der Rechtsmedizin, drei Jahre später werden Honkas Verbrechen durch einen Zufall entdeckt. Wäre die Kerze nicht umgefallen, Honka wäre vielleicht nie erwischt worden. „Und da habe ich mich gefragt: Wie viele Dachstühle brennen denn in Hamburg jedes Jahr?", erzählt Brinkmann. Es sind nicht viele. Anders gefragt: Wie viele abgetrennte Gliedmaßen verfaulen in Müllsäcken, ohne je gefunden zu werden? Wie viele Morde bleiben unerkannt und ungesühnt?

Es soll noch mehr als zwanzig Jahre dauern, bis Brinkmann genau dieses Thema aufgreift und die Bundesrepublik Deutschland schockiert. 1997 publiziert er die Studie „Fehlleistungen bei der Leichenschau in der Bundesrepublik Deutschland". Sie ist entstanden, weil er immer wieder auf Fälle gestoßen ist, bei denen Tötungsdelikte zunächst nicht erkannt wurden. Was er zu hören bekommt, wenn er darauf aufmerksam macht, sind Beschwichtigungen: Das seien doch nur Einzelfälle. Doch er geht die Sache systematisch an und seziert statt einer Leiche ein ganzes System.

Dunkelfeldstudien sind naturgemäß eine schwierige Sache, weil sie eben ein Feld betreffen, das nicht erfasst wird, nicht erfasst werden kann. Niemand wird jemals genau sagen können, wie viele Morde übersehen werden. Auch deshalb, weil Opferbefragungen nicht mehr möglich sind. Opfer sexueller Gewalt – ein weiterer Bereich, bei dem eine hohe Dunkelziffer vermutet wird – können befragt werden: Sind Sie früher schon einmal belästigt worden, ohne das bei der Polizei angezeigt zu haben? Tote sprechen nicht, sie werden auch nur einmal getötet.

Im Rahmen von Brinkmanns großangelegter Studie werden in 23 rechtsmedizinischen Instituten in Deutschland rund 13.000 Obduktionen untersucht und in vier Kategorien unterteilt:

1. Zufallsentdeckungen in der Hinsicht, dass bei der Leichenschau ein natürlicher Tod angenommen wurde, sich aber

bei der Obduktion herausstellte, dass es kein natürlicher
Tod war

2. Zufallsentdeckungen, bei denen die Todesursache unklar
war und sich bei der Obduktion ein nichtnatürlicher Tod
herausstellte

3. Überraschende Wendungen unter nichtnatürlichen
Todesfällen, wenn etwa ein Unfall vermutet wurde und
ein Suizid vorlag

4. Exhumierungen

Als natürliche Tode werden solche durch Krankheiten bezeichnet, nichtnatürliche Tode sind Tötungen, Unfälle, Suizide oder
auch ärztliche Kunstfehler.

Die Bombe platzt in der ersten Kategorie: Von 350 Toten, die
als Leichen mit natürlicher Todesursache auf dem Seziertisch lan-
deten, starben 92, mehr als ein Viertel, keines natürlichen Todes.
49 verunfallten tödlich, 19 starben durch ärztliche Kunstfehler.
Ebenso wurden neun Suizide und fünf Drogentote übersehen.
Und: zehn Tötungen durch fremde Hand. Die Geschichten hinter
den übersehenen Tötungen klingen teilweise geradezu absurd:

Ein 60 Jahre alter Mann, der im Zentrum einer Kleinstadt zusammenbricht und auf dessen Totenschein „Herzinfarkt" steht.
Zehn Tage später wird im Krematorium eine Stichverletzung entdeckt. Der Mann starb durch einen Herzstich.

Ein 28 Jahre alter Mann wird erschossen und verblutet, allerdings bemerkt der Arzt die Schussverletzung bei der Leichenschau nicht und kreuzt „natürlicher Tod" an. Die Tat fliegt nur
auf, weil sich der Täter bei der Polizei meldet.

Eine 72-jährige Frau wird tot in ihrem Haus in der Türkei gefunden, Geld und Schmuck fehlen. Es wird ein natürlicher Tod

angenommen, doch bei der Obduktion werden gravierende Verletzungen entdeckt. Sie legen nahe, dass sie vorsätzlich mit einem Auto überfahren wurde.

Nicht alle übersehenen Tötungsdelikte waren so offensichtlich: etwa bei zwei Babys, bei denen plötzlicher Kindstod angenommen wurde, die aber erstickt wurden.

Auch die Kunstfehler sind aufsehenerregend: Verbluten bei einer Bypass-Operation, Ersticken nach Herausrutschen einer Beatmungskanüle, Multiorganversagen nach Dünndarmperforation, Blutvergiftung nach Injektionen. Unter den Unfällen finden sich Fälle, „in denen die Klassifizierung als natürlicher Tod jegliche Plausibilität vermissen lässt": Beispielsweise fuhr in Aachen ein 28-jähriger Mann mit 2,2 Promille gegen einen Baum, wurde aus seinem Auto geschleudert und von einem Lkw überrollt. Auf dem Totenschein steht „natürlicher Tod".

Weitere 35 übersehene Morde finden die Gerichtsmediziner unter jenen Toten, deren Todesursache unklar geblieben ist – also unter jenen Todesfällen, bei denen der Leichenbeschauarzt keine klare Todesursache feststellen konnte und deshalb eine Obduktion anordnete. Auch da finden sich wieder Fälle, die daran zweifeln lassen, dass der Arzt die Leiche untersucht hat: eine 25-jährige Frau mit einem Herzstich, eine schon in Verwesung begriffene Leiche mit einem Kopfdurchschuss, ein Mann mit mehreren Stich- und Schnittverletzungen, die der Arzt als „pockenhafte, rötliche Anhaftungen" beschrieb.

In der dritten Gruppe der überraschenden Wendungen bei nichtnatürlichen Todesfällen finden die Studienautoren ebenfalls „mehr oder weniger eklatante Fehlleistungen leichenschauhaltender Ärzte, denen lediglich zugutegehalten werden kann, daß sie mit ihrer Entscheidung für eine nichtnatürliche

Todesart die Weiche zur Aufnahme polizeilicher Entwicklungen gestellt haben".

Nicht immer werden dabei Morde übersehen. Manchmal werden auch welche vermutet, wo keine sind: Aus einem Kopfschuss wird beispielsweise bei der Obduktion ein Tod durch Schädel-Hirn-Trauma nach einem Sturz. Aber auch hier finden sich schlecht vertuschte Tötungsdelikte: Ein Arbeiter wird tot neben seiner Kettensäge gefunden, die Polizei vermutet zunächst, er sei beim Sägen auf Laub ausgerutscht – er hat eine tief reichende Sägeverletzung. Aber auch Hiebverletzungen am Kopf, an denen er gestorben war, bevor der Unfall inszeniert wurde.

Die Exhumierungen sind ein Sonderfall in zweierlei Hinsicht: Sie werden einerseits erst durchgeführt, wenn ein sehr konkreter Verdacht besteht, und andererseits sind die Ergebnisse stark davon abhängig, wie gut erhalten die Leiche ist. Unter den 29 untersuchten Exhumierungen waren neun wegen des Verdachts auf Tötung oder Körperverletzung; in drei Fällen konnten diese nachgewiesen werden.

Welche Schlüsse können aus diesen Ergebnissen gezogen werden? Dass Tötungsdelikte übersehen werden und dass das nicht nur Einzelfälle sind, diesen Nachweis hat die Studie auf jeden Fall erbracht. Aber wie groß ist das Dunkelfeld wirklich?

Der wichtigste Indikator sind jene zehn Tötungsdelikte, die unter den 350 Leichen gefunden wurden, bei denen zunächst ein natürlicher Tod festgestellt wurde und die nur durch einen Zufall verdächtig und in der Folge obduziert wurden. Alle diese Fälle wären beinahe unentdeckt geblieben. Würde diese Zahl auf alle natürlichen Tode hochgerechnet, wäre einer von 35 natürlich Gestorbenen ermordet worden. Auf Österreich heruntergebrochen würde das bedeuten, dass 2018 mehr als 2.000 Tötungsdelikte übersehen wurden. Eine absurd hohe Zahl, offiziell gab es im selben Jahr 60 vollendete Tötungsdelikte.

Es ist davon auszugehen, dass die Todesfälle, bei denen später ein Verdacht aufkam, bereits unter seltsamen Umständen passierten – es war vermutlich kein purer Zufall, dass gerade diese Todesfälle als verdächtig eingestuft wurden, auch wenn ein Totenbeschauarzt diesen Verdacht zunächst nicht hatte. In einem Fall in Brinkmanns Studie wurde die Polizei selbst aktiv, als sie vom Tod eines Säuglings erfuhr; in drei Fällen meldeten sich Freunde oder Verwandte, denen etwas seltsam vorkam.

Angesichts der Studie erstaunt es trotzdem nicht, wenn Brinkmann seine Schätzung des Dunkelfelds als „hochkonservativ" bezeichnet und in der Studie 1997 davon ausgeht, dass in Deutschland jährlich zwischen 1.200 und 2.400 Tötungsdelikte unerkannt bleiben. Anders formuliert: Jeder zweite Mord wird übersehen. Den perfekten Mord gebe es zwar nicht, sagt Brinkmann nach jahrzehntelanger Erfahrung heute, aber: „Das jetzige System lässt viele scheinbar perfekte Morde zu."

Danach passierte, und das ist das eigentlich Erstaunliche: kaum etwas. „Es gab eine Resolution der Staatsanwälte, die Justizminister haben das übernommen und auch eine Resolution verabschiedet. Aber die haben den schwarzen Peter dann an die Gesundheitskonferenz abgegeben, weil das Gesundheitssystem für die Totenbeschau zuständig ist. Und die wollten das nicht wirklich, die hatten Angst, dass zu viele Kosten auf sie zukommen", erinnert sich Brinkmann. „Tote haben keine Lobby", sagt er zwei Jahre nach Veröffentlichung der Studie in der deutschen Wochenzeitung *Die Zeit* und wünscht sich eine kleine Zombie-

Apokalypse herbei: „Wenn alle unerkannt Gemordeten sich zum Justiz- und Gesundheitsministerium aufmachten – die Gesetze wären binnen weniger Tage reformiert."

Da hatte er bereits eine kleine Folgestudie gemacht: Hundert Ärzten in Westfalen, die Leichen beschauen, schickt er 1998 einen anonymen Fragebogen, der im Grunde eine Frage klären soll: Wurden Sie schon einmal von Beamten bedrängt, einen natürlichen Tod anzukreuzen, um ihnen den Ermittlungsaufwand zu ersparen? 37 schickten den Fragebogen zurück, die Hälfte davon sagte: Ja. Von einer „verordneten Vertuschung" und einer „generellen, extremen Gleichgültigkeit Opfern gegenüber", vor allem von Polizisten, sprach er im Jahr 2000 im *Spiegel*.

Im Grunde, sagt Brinkmann, sei es ja kein Wunder, dass sich niemand dieses Themas annehmen wolle: Alle hätten damit mehr Arbeit. Und es wäre eine Arbeit, die nicht belohnt würde – denn in der Illusion einer niedrigen Mordrate fühlen sich alle wohl. „Jetzt nehmen wir mal den Fall her, dass sich ein Innenminister des Problems wirklich annimmt. Was wird passieren? Es werden mehr Tötungsdelikte entdeckt, und die Mordrate steigt. In den Boulevardzeitungen steht dann, dass das Land immer krimineller wird und dass der Innenminister dringend handeln muss. Dabei hat er alles richtig gemacht und einfach genauer hingeschaut", sagt Brinkmann.

Leichen im Keller:
Der tiefe Fall Österreichs

Das österreichische Äquivalent zum Hamburger Dachstuhl-brand, der Fritz Honka auffliegen ließ, ist natürlich ein Keller. Am 6. Juni 2011 verlegen Bauarbeiter Rohre im Keller eines Mehr-parteienhauses in der Oswaldgasse 1 in Wien-Meidling. Als sie sich Zugang zu einem Abteil verschaffen, das keinem Mieter zu-geordnet ist, finden sie dort vier mit Beton gefüllte Wannen – aus einer davon ragt ein verwesender Unterschenkel samt Fuß. In der Gerichtsmedizin wird angesichts der zerstückelten Leichen-teile schnell klar: Hier wurde nicht nur ein Toter, sondern zwei Tote einbetoniert.

Im Gegensatz zu Honkas Opfern wird aber zumindest einer der Zerstückelten vermisst: Es handelt sich um einen Eisma-schinenvertreter, der einmal mit der Besitzerin des Eissalons „Schleckeria" liiert war. Das ist aus zweierlei Gründen relevant: zum einen, weil der in der Oswaldgasse 1 beheimatet ist. Und zum anderen, weil der Eissalon plötzlich geschlossen und die Betreiberin verschollen ist, als die Leichen auftauchen. Weshalb die Polizei ein „dringendes Interesse" bekundet, mit ihr zu spre-chen und einen EU-Haftbefehl erlässt. Gesucht wird nach der 32-jährigen Goidsargi Estibaliz C. Sie gilt noch nicht offiziell als tatverdächtig, weshalb sie in den Medien zunächst „Eis-Engel" genannt wird. Schon am nächsten Tag wird sie in Udine aufge-griffen. Bis heute geistert sie als „Eislady" durch den Boulevard. Auch hier war es lediglich der Zufall, der zur Klärung eines der bekanntesten Kriminalfälle der vergangenen Jahre führte.

Wie viele Mörder laufen also in Österreich frei herum? Wie viele Leichen Getöteter liegen in den Kellern, auf den Friedhöfen, in Urnen? Unter Gerichtsmedizinern kursiert seit langem eine Weisheit der Wissenden: Würde auf den Friedhöfen nachts eine Kerze für jeden unerkannt Getöteten brennen, die Friedhöfe wären hell erleuchtet.

Aber alles, worüber Bernd Brinkmann in seiner Studie geschrieben hat, gilt für die Bundesrepublik Deutschland und ist zwanzig Jahre alt.

Ist es also legitim, diese Ergebnisse einfach auf Österreich umzulegen? Fest steht zunächst nur: Es gibt in Österreich keinerlei Forschung auf diesem Gebiet. Nach dem Motto: Wo man nicht hinschaut, kann man auch kein Problem finden. Aber es spricht vieles dafür, dass eine entsprechende Studie in Österreich kaum anders ausfallen würde – mittlerweile. Auch dem österreichischen Dunkelfeld kann man sich anhand von Indizien nähern. Hätte man Bernd Brinkmann 1997 gefragt, ob seine Studie auch auf die Situation in Österreich zutreffe, seine Antwort wäre knapp und klar ausgefallen: Nein. Österreich galt als Vorbild, neidisch blickten die Deutschen auf das kleine Nachbarland und dessen hohe Obduktionsrate. Zwanzig Jahre später sagt er: „Es ist exakt so wie in Deutschland." Und das bedeutet nichts Gutes.

Offiziell steht Österreich sehr gut da: Das Land rühmt sich seiner hohen Aufklärungsquote bei Mord, in den vergangenen zehn Jahren pendelte diese zwischen 89,7 (im Jahr 2012) und 100 Prozent (2016). In Österreich werde „fast jeder Mörder überführt", sagte der ehemalige Innenminister Herbert Kickl bei der Präsentation der Kriminalstatistik; wenige Wochen, bevor er im Mai 2019 aus dem Amt entlassen wurde.

Vermutlich irrte er. Der 2018 verstorbene deutsche Kriminalist Armin Mätzler schrieb schon im Vorwort seines Standard-

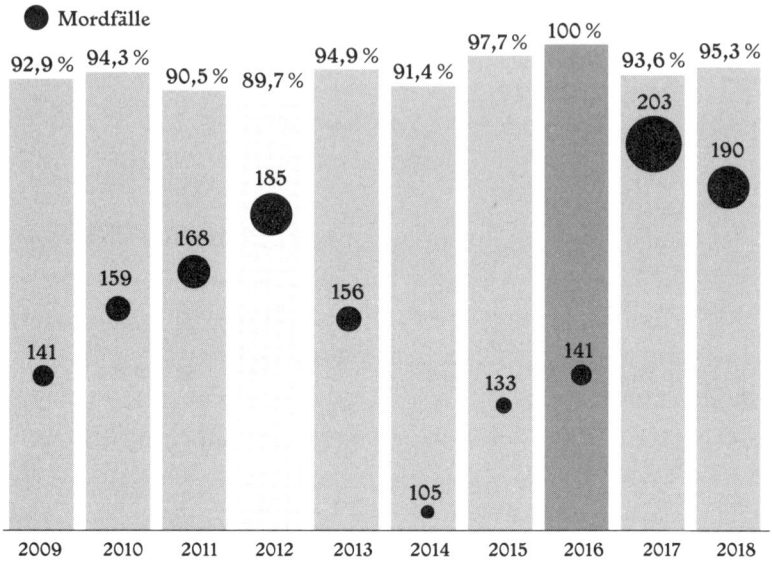

Aufklärungsraten bei Mordfällen

● Mordfälle

92,9 % 94,3 % 90,5 % 89,7 % 94,9 % 91,4 % 97,7 % 100 % 93,6 % 95,3 %

203

185

190

168

159

156

141

141

133

105

2009 2010 2011 2012 2013 2014 2015 2016 2017 2018

werks „Todesermittlungen": „Die Probleme liegen nicht dort, wo es darum geht, einen Mord zu bearbeiten, sondern dort, wo es gilt, ihn zu erkennen!" Die Aufgabe, einen Mord zu erkennen, haben jene, die zuerst am Auffindungsort der Leiche eintreffen. Bei Leichen, die im öffentlichen Raum gefunden werden oder in Wohnungen liegen, ist das oft die Polizei. „Wenn aufgrund der Verwesung oder anderer Umstände nicht klar ist, woran die Person gestorben ist und ob Fremdverschulden vorliegt, kommt die polizeiliche Kommission", erzählt Chefinspektor Ewald Schneider, Ermittlungsbereichsleiter für Leib und Leben in Wien. Die Kommission besteht aus einem Polizeijuristen, einem Polizeiamtsarzt und einem Kriminalbeamten. Sie sollen klären, ob ein Fremdverschulden vorliegt oder nicht. „Da gehört dazu, ob die Tür versperrt war, die Umstände des Opfers, die Auffindungssituation selbst – gibt es Blut- oder Kampfspuren?", sagt Schneider. Danach wird entschieden, ob ein Verdacht vorliegt und obduziert wird – bei drei Viertel der jährlich 500 bis 600 Kommissionierungen in Wien wird eine Obduktion angeordnet, sagt er.

Wie gut das System funktioniert, ist umstritten. Vielleicht ist es eine Berufskrankheit von Gerichtsmedizinern, kein allzu positives Menschenbild zu haben. Wahrscheinlich trifft dasselbe auf eine gewisse Neigung zum Sarkasmus zu. Ein Kaffeehaus in der Wiener Innenstadt, zwei Gerichtsmediziner und eine simple Frage: Welchen Anteil hat die Polizei daran, dass Tötungsdelikte nicht erkannt werden? „Wenn Sie jemanden am Wiener Gürtel erschießen, ihm den Kopf abschneiden und einen Zettel mit dem Wort ‚Rache‘ dazulegen – dann erkennt es auch die Polizei als Mord, dann wird der gerichtlich obduziert", sagt der eine. Sein Kollege lacht, nickt mit dem Kopf. Obwohl das in dem Fall eigentlich gar nicht mehr nötig wäre, wirft er ein.

Es gebe zum einen manchmal die Absicht, dass eine Sache nicht weiterverfolgt wird, und dann gäbe es „... ich suche ein nettes Wort für Unfähigkeit". Es habe Fälle gegeben, da habe er sich gefragt: „Sind die so deppert, oder stellen sie sich nur so?" Dazu komme noch etwas Drittes: „Faulheit – je weniger man untersucht, desto weniger Arbeit hat man. Je mehr man untersucht, desto mehr Probleme tauchen auf. Man hat ein geschöntes Bild von verschiedenen Berufsgruppen. Aber die Menschen sind immer gleich."

Die Mordermittler sehen das freilich ganz anders: „Ich wage zu behaupten: Das Netz ist dicht, da kann nichts passieren", sagt Schneiders Kollege Dietmar Berger, stellvertretender Leiter des

Ermittlungsdienstes. Zumindest in Wien komme es kaum vor, dass Tötungsdelikte übersehen werden, sagt er.

Dennoch startete Anfang des Jahres in Wien ein Pilotprojekt, bei dem automatisch eine Tatortdokumentation vorgenommen wird, sobald die Polizei von einem Todesfall erfährt – auch wenn zunächst kein Verdacht auf Fremdverschulden besteht. „Da wird die Tatortgruppe zur Kommission hinzugezogen, das sorgt für zusätzliche Sicherheit und dient zur Entlastung der Mordermittler", sagt Schneider.

Die Arbeit der Ermittler ist durch naturwissenschaftliche und technische Fortschritte einfacher geworden, vor allem die DNA-Analyse bietet einst ungeahnte neue Möglichkeiten. Dazu kommt, dass die meisten Tötungsdelikte im Familienumfeld passieren, wo es keine große Schwierigkeit darstellt, den Täter zu finden. Die gehäuften Frauenmorde Anfang des Jahres 2019 sind dafür ein trauriges Beispiel: Zwischen 8. und 25. Jänner wurden in Wien und Niederösterreich sieben Frauen getötet, sie alle standen in einer Beziehung zum Täter – diese waren Ehemänner, Ex-Freunde oder Brüder. Alle Täter waren schnell ausgeforscht. Beziehungstaten sind „die Klassiker", sagt Schneider. Expressive Morde werden sie genannt, und sie passieren meist in emotional aufgeladenen Situationen.

„Von langer Hand geplante Morde sind eher die Ausnahme", erklärt der Chefinspektor. Es sind auch jene, die schwerer zu erkennen sind. Dass etwa beim Tod der pflegebedürftigen Oma nachgeholfen wurde, um schneller an das Erbe zu kommen. Instrumentelle Morde werden solche genannt, bei denen Menschen getötet werden, um ein Ziel zu erreichen, Geld etwa. Diese Morde sind nicht nur nach Schneiders Einschätzung, sondern auch in der offiziellen Statistik die Ausnahme. Instrumentelle Morde aber liegen vermutlich häufiger im Dunkelfeld – weil da nicht nur der Mord, sondern auch dessen Vertuschung geplant werden kann. Und auch deshalb, weil zwar bei der Ermittlung von Tätern Fortschritte gemacht wurden, sich Totenbeschau und Obduktionsraten aber massiv verschlechtert haben. In Österreich noch viel mehr als in Deutschland (wenn auch nur deshalb, weil Österreich früher besser dastand).

„Ich wasche meine Hände in Unschuld", ruft Elfriede Blauensteiner, als ihre Schuld längst schon erwiesen ist. Die „Schwarze Witwe" wird sie genannt, im Gerichtssaal streckt sie ein goldenes Kruzifix Richtung Himmel. Ihre Opfer aber, die liegen unter der Erde. Sie müssen wieder ausgegraben werden, um Blauensteiners Taten nachzuweisen. Noch im Gerichtssaal verspricht Blauensteiner Geständnisse gegen Geld. Sie ist eine passionierte Spielerin, deshalb ist sie meistens pleite, dazu kommt ein Hass auf Männer, seit sich ihr erster Mann scheiden ließ. Wahrscheinlich fünf von ihnen beseitigt sie, dazu eine Frau. Geplant, gefinkelt und viele Jahre unerkannt.

Otto Reinl, gestorben 1986. „Ich habe ihn von seinen Leiden erlöst." Rudolf Blauensteiner, gestorben 1992. „Der Rudi hat seinen Tod verdient." Franziska Köberl, gestorben 1992. „Sie war krank und hatte Schmerzen." Erwin Niedermayer, Todesjahr unbekannt. „Er war ein Verbrecher." Friedrich Döcker, gestorben 1995. „Es ist um keinen Mann schade, wenn er stirbt." Alois Pichler, gestorben 1995. „Der Burli hat sich die Totenruhe verdient." Sechs Menschen sterben im unmittelbaren Umfeld Blauensteiners, aber niemand schöpft Verdacht. Sie war ja immer so nett.

Von einer „Unrechtsdimension, die für einen irdischen Gerichtshof eigentlich zu groß ist", spricht der Senatspräsident

Johann Rzeszut, der spätere Präsident des Obersten Gerichtshofs. Mittels Kontaktanzeigen, in denen sie sich als „treusorgende Kameradin und Krankenschwester" für einen „ruhigen Lebensherbst" anpreist, sucht sie nach ihren Opfern, die sie auf heimtückische Weise tötet. Alois Pichler verabreicht sie Euglucon und Anafranil, was ihn bewusstlos werden lässt. Bei offenem Fenster und mit kalten, nassen Handtüchern führt sie einen Erfrierungstod herbei; ruft aber noch den Notarzt. Pichler stirbt im Krankenhaus, ohne jeglichen Verdacht auf Fremdverschulden.

Ein Neffe Pichlers zeigt Blauensteiner wegen Mordverdachts an, er fühlt sich um sein Erbe geprellt. 1997 wird sie wegen des Mordes an Alois Pichler schuldig gesprochen; Heimtücke, Grausamkeit und Geldgier wertet das Gericht als erschwerende Faktoren. Das Urteil lautet auf lebenslänglich. Den Gerichtssaal nutzt sie für ihren letzten großen Auftritt. Sie kanzelt Journalisten ab – „Sie sind vorlaut" –, macht Geständnisse und widerruft sie wieder. „Fühlen Sie sich als Mörderin?", fragt ein Journalist, sie hält theatralisch inne, hält ihm ihr Kruzifix entgegen und ruft: „Nein!" Ihr freundliches Lächeln wirkt plötzlich unheimlich.

Für die Morde an Franziska Köberl und Friedrich Döcker wird sie 2001 verurteilt, die weiteren verdächtigen Todesfälle können ihr nicht als Morde nachgewiesen werden. Blauensteiner stirbt 2003 in Haft an einem Gehirntumor, ihr Grab am Zentralfriedhof wird 2016 aufgelassen.

Morde, wie Blauensteiner sie verübte, solche mit Gift oder Medikamenten, spielen in der Mordstatistik „keine Rolle mehr", erklärt Katharina Beclin, Kriminologin an der Universität Wien. Und sie hält es für eine „plausible Hypothese", dass diese nun einfach übersehen werden.

Wie schwierig es ist, Vergiftungen korrekt zu diagnostizieren, zeigt der Fall der Bogumila W., deren Geschichte frappant an die von Elfriede Blauensteiner erinnert: Die damals 52-Jährige wird 2013 wegen zweifachen Mordes zu lebenslanger Haft verurteilt. Sie hat zwei Männer, für die sie als Putzfrau beziehungsweise Pflegerin gearbeitet hat, mit Arsen vergiftet, um an deren Vermögen zu kommen. Arsen ist ein Gift, das historisch stets mit der Steiermark in Verbindung gebracht wird, weil es bei der Verhüttung von Erzen gewonnen wird. Es wird im Mittelalter in kleinen Mengen dem Pferdefutter beigemengt, um die Ausdauer der Tiere zu steigern – unter Knechten soll es als Potenzmittel beliebt gewesen sein, während der Konsum Frauen der Legende nach attraktiver machen sollte. Im *Association Medical Journal* aus dem Jahr 1856 wird dafür der Begriff der „Styrian Romance" geprägt.

Im Fall von Bogumila W. allerdings lässt sich anhand des Obduktionsprotokolls des zum Zeitpunkt seines Todes 61-jährigen Alois F. vor allem die Ratlosigkeit der Ärzte darstellen, wenn sie mit Vergiftungen konfrontiert sind. Noch im Juli 2010 hat der an Bluthochdruck und einer Hernie leidende Mann ein völlig unauffälliges Blutbild. Ende November sucht er in schlechtem Allgemeinzustand seine Hausärztin auf, die eine Angina mit Fieber und Durchfall diagnostiziert. Anfang Dezember, seine Hausärztin ist auf Urlaub, sucht er einen anderen Arzt auf; dieser sieht den Patienten in einer depressiven Grundstimmung mit Gelenksschmerzen, Bauchschmerzen und einer Rachenentzündung. Bei einer Untersuchung des Blutbilds ist lediglich der Entzündungsparameter CRP erhöht.

Als er sich seinen Blutbefund abholt, leidet F. an Atemnot. Seine Beine sind geschwollen. Drei Tage später Brustkorbbeschwerden und die Empfehlung seines Arztes, einen Internisten aufzusuchen. Der führt ein EKG und Ultraschalluntersuchungen durch, die keine Auffälligkeiten ergeben. Ende des Jahres wird ihm eine im Abklingen begriffene Gürtelrose diagnostiziert, Anfang 2011 wird ein Arzt zu ihm nach Hause gerufen: F. wirkt schwer depressiv, ohne Appetit, er hat an Gewicht verloren. Eine Einweisung ins Spital lehnt er ab.

Am 11. Jänner haben sich seine Symptome noch weiter verschlechtert, der Arzt weist ihn gegen seinen Willen ins Krankenhaus Krems ein. Es werden eine Lungenentzündung und eine Verminderung der weißen Blutzellen festgestellt, ab 13. Jänner muss er künstlich beatmet werden. Ab 17. Jänner künstliche Blutwäsche, Nierenversagen, Verdacht auf bakterielle Blutvergiftung. Am 14. Februar verstirbt er.

Die Leichenöffnung im Krankenhaus Krems wird abgebrochen, die Staatsanwaltschaft Krems ordnet eine gerichtliche Obduktion an. Sie ergibt, dass Alois F. an einer Infektion mit einem Schimmelpilz gestorben ist, dessen Ausbreitung sich mit dem verschlechterten Allgemeinzustand erklären lässt. Der Gerichtsmediziner geht nicht von Fremdverschulden aus. Alois F. wird bestattet. Nur weil der Staatsanwaltschaft der Verdacht auf Vergiftung bekannt wird, analysiert die Gerichtsmedizin von Alois F.s Leiche entnommenes Gewebe. Die Arsenwerte sind leicht, aber nicht signifikant erhöht. Es wird eine Exhumierung angeordnet, im Zuge dieser werden Fingernägel sichergestellt (die Zehennägel waren „im Fäulnisbrei zu Füßen des Toten" nicht mehr auffindbar), genauso Leber und Niere.

Beide Organe weisen einen massiv erhöhten Arsenwert auf, anhand der Arsenkonzentration und des durchschnittlichen Wachstums von Nägeln kann der Gerichtsmediziner den Beginn der Vergiftung mit Ende November 2010 datieren. Nach der Aufnahme ins Spital wurde Alois F. kein Arsen mehr verabreicht. Wäre die Vergiftung rechtzeitig erkannt worden, hätte das Leben von Alois F. gerettet werden können. So kann der Gerichtsmediziner nur noch feststellen, dass „ein unmittelbarer ursächlicher Zusammenhang" zwischen der Vergiftung und seinem Tod besteht. Alois F. wurde ermordet. Und selbst bei einer gerichtsmedizinischen Obduktion wurde der Verdacht auf Fremdverschulden zunächst nicht bestätigt.

Österreich hatte laut Eurostat 2015 offiziell die niedrigste Mordrate in der gesamten EU und liegt Jahr für Jahr zumindest im unteren Drittel. Auch wenn das zunächst paradox klingt: Die niedrige Mordrate ist ein weiteres Indiz dafür, dass Tötungsdelikte übersehen werden. Auch Bernd Brinkmann war in Deutschland immer verblüfft, dass „die skandinavischen Staaten mit einer sehr ähnlichen Struktur viel mehr Morde hatten". Dasselbe Phänomen fand er auch innerhalb Deutschlands: „Die Sektionsraten in Berlin waren vier- bis fünfmal höher als in Frankfurt oder Hamburg, und Berlin hatte auch dreimal so viele Morde."

Wie viele Morde es in Österreich gibt, ist gar nicht so leicht zu sagen (und auch die von Eurostat erhobenen Zahlen weichen leicht von jenen der offiziellen Kriminalstatistik ab). Da wäre zunächst einmal die Anzeigenstatistik, auf der ebenjene Kriminalstatistik fußt: Sie umfasst Anzeigen wegen Mordes und versuchten Mordes. Diese Zahl steht im Jahr 2018 bei 190: 60 Anzeigen wegen Mordes und 130 wegen versuchten Mordes. Das heißt aber nicht, dass am Ende des Ermittlungsverfahrens und nach dem Prozess eine Verurteilung wegen Mordes steht. Ein Fall, bei dem der Täter später wegen Totschlags verurteilt oder gar freigesprochen

Mordraten in Europa (2016)

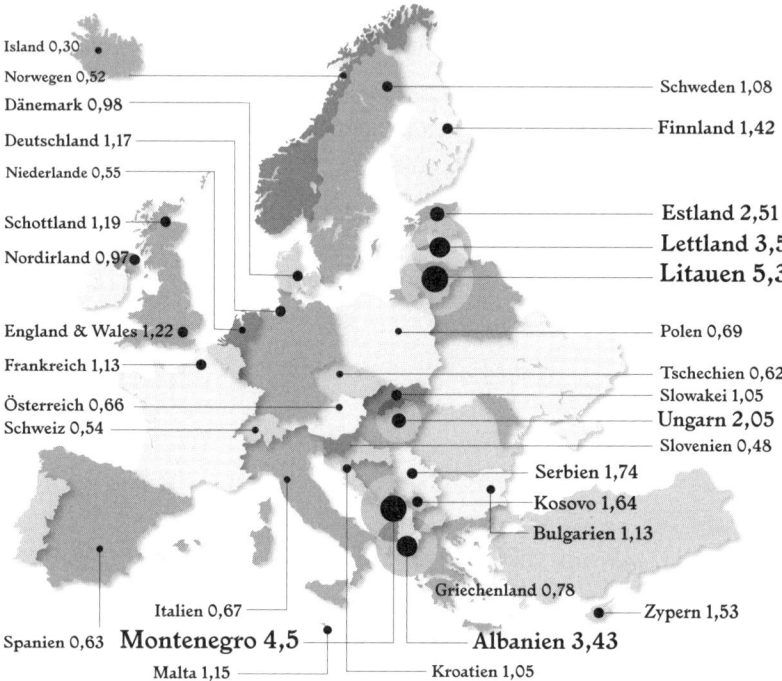

Island 0,30

Norwegen 0,52

Dänemark 0,98

Deutschland 1,17

Niederlande 0,55

Schottland 1,19

Nordirland 0,97

England & Wales 1,22

Frankreich 1,13

Österreich 0,66

Schweiz 0,54

Schweden 1,08

Finnland 1,42

Estland 2,51

Lettland 3,5

Litauen 5,3

Polen 0,69

Tschechien 0,62

Slowakei 1,05

Ungarn 2,05

Slowenien 0,48

Serbien 1,74

Kosovo 1,64

Bulgarien 1,13

Griechenland 0,78

Zypern 1,53

Italien 0,67

Spanien 0,63 Montenegro 4,5

Malta 1,15

Albanien 3,43

Kroatien 1,05

wird, taucht in dieser Statistik trotzdem auf. Wenn eine Person durch fremde Hand ums Leben kommt, wird meistens wegen Mordes angezeigt; 2018 gab es keine einzige Anzeige wegen Totschlags. „Polizeiliche Hochwertungstendenz" heißt das in der Fachliteratur. 73 vollendete Tötungen gab es 2018 – wo es also nicht nur beim Versuch blieb, aber auch nicht feststeht, ob am Ende wirklich ein Mord stattgefunden hat (dass es mehr Ermordete als Anzeigen wegen Mordes gab, liegt daran, dass manche Täter mehrere Menschen töten, aber dennoch nur einmal wegen Mordes angeklagt werden).

Es gibt aber noch eine weitere Quelle, die die Zahl der Tötungen ausweist, und auch die deutet auf übersehene Tötungsdelikte hin: die Kategorie „Mord, tätlicher Angriff" auf dem Totenschein. Das sind jene Fälle, bei denen ein Arzt oder der obduzierende Gerichtsmediziner diese Diagnose auf dem Totenschein festhält. Diese Zahl sollte im Grunde von der Zahl der Tötungen nicht stark abweichen, eventuell ein bisschen höher sein – weil sich vielleicht manchmal im Zuge der Ermittlungen herausstellt, dass sich der Verdacht auf „Mord, tätlicher Angriff" nicht bewahrheitet, ein Suizid oder Unfall dahintersteckt.

Tatsächlich war das auch lange Zeit so. 1975 etwa stand 123-mal „Mord, tätlicher Angriff" auf dem Totenschein, während die Kriminalstatistik 88 Tötungen zählte. Das blieb so bis zum Jahr 2003, als die Polizei zum ersten Mal mehr Tötungen zählte als die Ärzte und Gerichtsmediziner, die die Totenscheine ausfüllen. Zwischen 2010 und 2018 war die Tötungsstatistik der Polizei in sieben von neun Jahren höher als jene, die auf den Totenscheinen basiert. Das legt zumindest den Verdacht nahe, dass immer mehr Tötungsdelikte erst später erkannt werden. Und damit auch jenen, dass einige komplett übersehen werden.

Damit geht eine zweite Entwicklung einher, die auf genau dasselbe hindeutet: die Kategorie „Ereignisse, deren nähere Umstände unbestimmt sind" auf den Totenscheinen, also solche Todesfälle, bei denen nicht klar ist, woran eine Person verstorben ist. Die Zahl dieser unklaren Todesfälle steigt – vor allem seit dem Jahr 2004 – stark an. Waren es 1975 noch 76, stieg die Zahl in den 2000er Jahren stark an und erreichte 2018 einen Höchstwert von 384. Es wäre anzunehmen, dass bei diesen To-

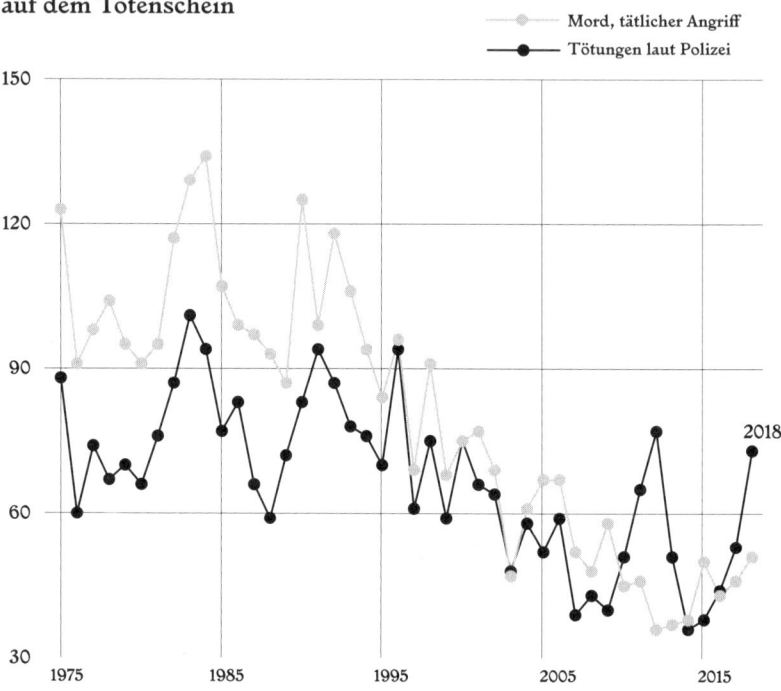

desfällen besonders genau hingeschaut wird. Aber von jenen 384 Toten, die eine unklare Todesursache haben, wurden 132 nicht obduziert, ohne weitere Untersuchung begraben oder verbrannt. Dass es in einem Fall, bei dem die Todesursache nicht feststeht, keine Obduktion gibt, ist „nicht zu fassen" und „höchst bedenklich", sagt die Kriminologin Katharina Beclin: „Wie bequem für Mörder."

Hinter alledem steht jene Entwicklung, die Bernd Brinkmann zu der Auffassung bringt, dass Österreich mittlerweile um nichts besser dasteht als Deutschland: die Rate der Obduk-

„Mord, tätlicher Angriff" vs. ungeklärte Todesfälle (bis 2018)

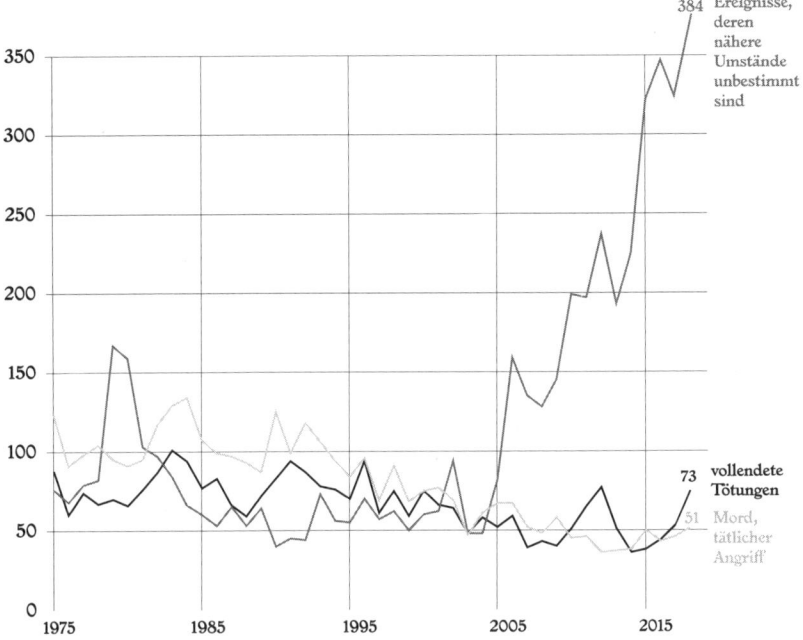

tionen. Sie wird erst seit 1984 statistisch erfasst und kennt drei Kategorien: klinische Obduktionen im Krankenhaus, gerichtsmedizinische Obduktionen bei Verdacht auf Fremdverschulden und sogenannte sanitätsbehördliche Obduktionen bei Leichen außerhalb des Spitals, bei denen es keinen vordergründigen Verdacht auf Fremdverschulden gibt, die Todesursache aber unklar ist.

1984 lag die Rate aller Obduktionen bei knapp 35 Prozent, einer von drei Verstorbenen wurde obduziert. 2018 wurden nur

55

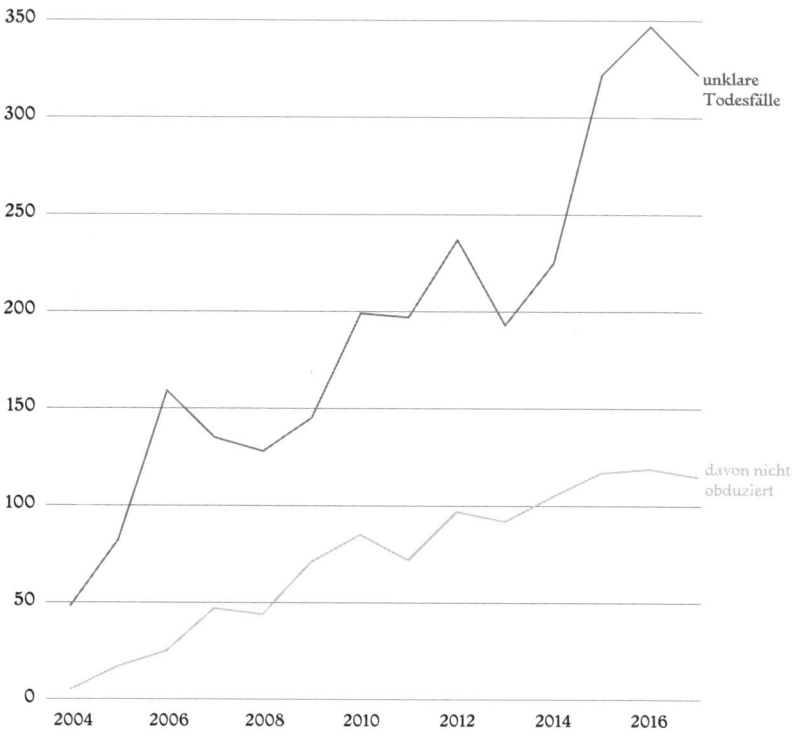

Unklare Todesfälle, die nicht obduziert wurden

unklare
Todesfälle

davon nicht
obduziert

noch 10,2 Prozent der Toten obduziert – jeder zehnte Tote. Damit gleicht sich Österreich an die traditionell niedrigen und oftmals beklagten Obduktionsraten Deutschlands an. Dort werden rund zwei Prozent der Leichen gerichtsmedizinisch obduziert, in Österreich waren es 2018 lediglich 1,7 Prozent (weit häufiger als in Deutschland sind hierzulande die klinischen Obduktionen bei im Spital Verstorbenen – sie passieren dort nur bei ein bis drei Prozent aller Verstorbenen, in Österreich 2018 bei 7,2 Prozent).

56

Gestorbene und Obduktionen seit 1984

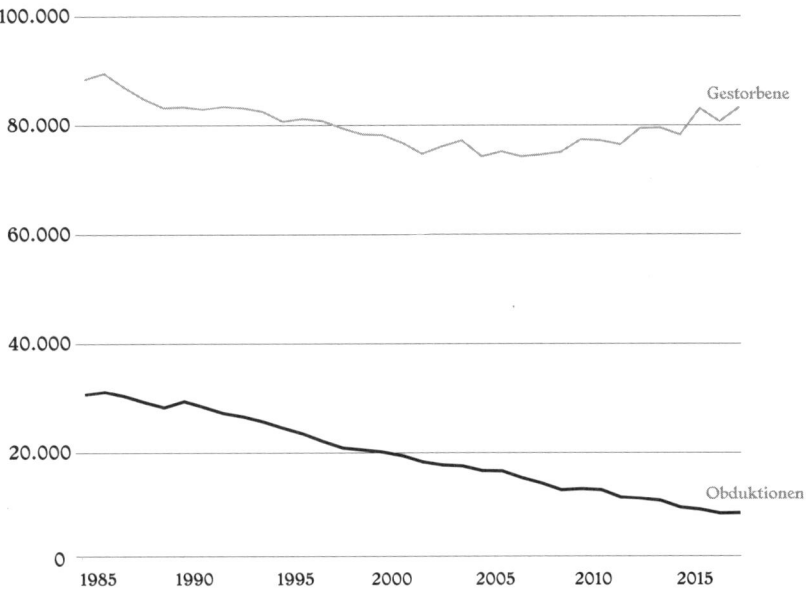

Im EU-Schnitt lag die gesamte Obduktionsrate 2015 bei 15,7 Prozent.

Waren 1984 laut Totenschein 134 Tote durch „Mord oder tätlichen Angriff" zu beklagen, schrumpfte diese Zahl bis 2018 auf 51 Fälle. Auch wenn ein kausaler Zusammenhang nicht zu belegen ist: Die Obduktionsrate ist im selben Zeitraum ebenfalls um circa zwei Drittel gesunken. Dass es zwischen Obduktionsrate und übersehenen Tötungsdelikten einen grundsätzlichen Zusammenhang gibt, ist für Gerichtsmediziner Brinkmann aber unbestreitbar.

Dazu kommt ein weiterer Punkt, sagt Gerichtsmediziner Martin Grassberger, ein Österreicher, der am Institut für Rechtsmedizin in Hamburg gearbeitet hat: Die Qualitätsanforderungen für forensische Obduktionen seien in Deutschland weit höher als in Österreich. „In Deutschland ist eine gerichtlich angeordnete Obduktion immer von mindestens zwei Ärzten durchzuführen, es gilt das Vieraugenprinzip. In Österreich begnügt man sich heute mit einem Obduzenten." Dieses Vieraugenprinzip gab es einst auch in Österreich, es wurde aber schon in der ersten Hälfte des vergangenen Jahrhunderts still und leise abgeschafft. „Das ist das Phänomen des neuen Normal – sie schränken etwas ein, leben einige Jahre damit, und keinem fällt auf, dass sich über die Zeit etwas Grundlegendes geändert hat", sagt Grassberger.

Obduktion sei nicht gleich Obduktion: Bei vielen Obduktionen werde die Schädelhöhle gar nicht erst geöffnet, „das ist mühsam, da muss man sägen". Einige Kollegen würden sich damit begnügen, das Herz zu betrachten und auf den Rest der Obduktion zu verzichten, wenn sich dort eine wahrscheinliche Todesursache ausmachen lasse. Es ist die einfachste Diagnose: Das Herz bleibt bei jedem Todesfall irgendwann stehen. Die Qualität der Obduktion lässt sich in der Statistik nicht erfassen – und Qualitätskontrolle gebe es in Österreich im Unterschied zu Deutschland sowieso kaum.

Eine Chance, unentdeckte Tötungsdelikte zu finden, stellen die sanitätspolizeilichen Obduktionen dar: Sie werden angeordnet, wenn beispielsweise eine Person tot auf der Straße gefunden wird, aber kein konkreter Verdacht auf Fremdverschulden besteht. Diese Obduktionen gehen eigentlich auf die Angst vor Epidemien zurück; das Gesetz stammt noch aus der Habsburgermonarchie: Es wurde 1855 verabschiedet und zielte vor allem

Morde & Obduktionen

Mord, tätlicher Angriff

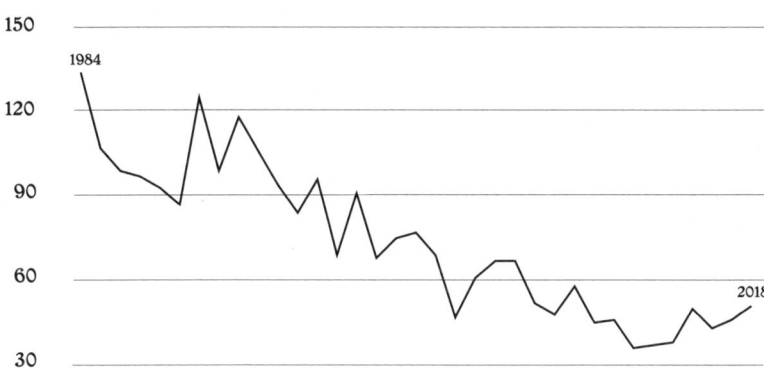

Obduktionen

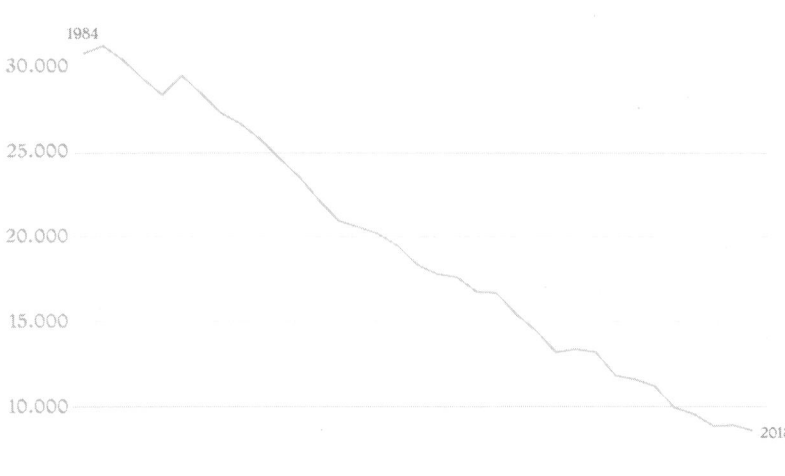

darauf ab, infektiöse Krankheiten zu erkennen – konkret ist im Gesetz unter anderem von Cholera, Pest und Rotz die Rede. Noch immer wäre die „politische Behörde [...] berechtigt, den Zeitpunkt der Beerdigung der Leichen festzusetzen".

Heutzutage dienen diese sanitätspolizeilichen Obduktionen eher dazu, Todesursachen festzustellen – allerdings immer seltener. Die Statistik über diese Obduktionen wird erst seit 2004 getrennt von anderen Obduktionsarten geführt, aber allein in diesem Zeitraum sanken sie um die Hälfte – von 2.034 auf 1.085 im Jahr 2018. Ursächlich ist ein einziges Bundesland dafür verantwortlich: Wien. Wurden in der Bundeshauptstadt 2004 noch 1.343 sanitätspolizeiliche Obduktionen vorgenommen, waren es 2018 nur noch 401. Die Stadt Wien folgte einer Empfehlung des Rechnungshofs, der davon ausging, dass eine „deutliche Reduktion der Obduktionen bei Wahrung des gesetzlichen Auftrages (Feststellung der Todesursache) möglich ist", wie es aus der zuständigen Magistratsabteilung 15 heißt (siehe auch folgendes Kapitel). Die Statistik widerspricht dieser Annahme: Etwa 40 Prozent der Toten mit ungeklärter Ursache 2018 starben in Wien, während die Hauptstadt insgesamt nur 20 Prozent der Tode zu verzeichnen hatte.

GERICHTSMEDIZIN AM ENDE

Herz ohne Ruhe:
Wie die Gerichtsmedizin entstand

„Aufzeichnungen zur Tilgung von Ungerechtigkeit" nennt der chinesische Arzt Song Ci sein Handbuch für amtliche Leichenbeschauer im Jahr 1247. Es gilt als weltweit erstes Werk über Gerichtsmedizin. Schon dieses Buch befasst sich mit der Frage übersehener Tötungsdelikte:

„Es gibt keine wichtigere Frage als den Totschlag. Jedermann weiß, daß das Verbrechen durch die Wunden der Leiche nachgewiesen wird. Manchmal sind die Symptome der Verwundung deutlich oder undeutlich, verschieden oder übereinstimmend. Dadurch können schlechte Menschen Betrug üben. Die Protokolle können dann nicht abgeschlossen werden; ist dieses nicht eine schwierige Frage? Ach!" (Aus der ersten deutschen Übersetzung des Jahres 1908 durch Heinrich Breitenstein)

Song Ci geht es bei der Totenbeschau also nicht um medizinisches Interesse, sondern um die Aufklärung von Verbrechen: „Wenn man nicht gerecht ist, dann hat das Herz keine Ruhe." Dem Werk zufolge ist es damals aber auch vorgekommen, dass Familien ihre Toten verkaufen, damit diese so präpariert werden, als seien sie ermordet worden. Die Käufer und Präparatoren der Leichname hätten dann ihre Feinde fälschlich des Mordes an jener Person bezichtigt – ein vorgetäuschter Mord, das Gegenteil von einem, der übersehen wurde.

Die wichtigsten Grundprinzipien bei Ermittlungen hat Song Ci bereits erkannt: dass Leichen so schnell wie möglich obduziert werden sollten beispielsweise. Oder dass sich die Totenbeschauer sofort an den Ort des Geschehens begeben sollen, „so daß weder schlechte Menschen noch der Täter in der Eile noch Betrug üben können" – also den Tatort verändern. Sodann seien die Verwandten und Nachbarn des Getöteten zu befragen. Die Sektion einer Leiche ist allerdings bei ihm noch recht weit entfernt vom aktuellen Wissensstand, sie klingt zunächst wie ein Kochrezept:

„Bei der Untersuchung einer Leiche muss man in Vorrat haben: Zwiebeln, Pfeffer, Salz, weiße Zwetschken (*Prunus armeniaca*), Weintreber und Essig, weil zu fürchten ist, daß die Umgebung oder die Grenzen der Wunden nicht gut gesehen werden könnten und man dann diese Stoffe auf die Wunden legen muß, um sie gut sichtbar zu machen."

Durch das Auflegen dieser Substanzen glaubt er, Wunden sichtbar machen zu können. Der Totschlag an sich sei recht einfach zu erkennen:

„Wurde jemand totgeschlagen, dann stehen Mund und Augen der Leiche offen, das Haar ist ungeordnet, ebenso als die Kleider es sind – beide Hände sind nicht geschlossen."

Ungefähr zur selben Zeit ist in Europa die Bahrprobe gebräuchlich, um über Schuld oder Unschuld zu entscheiden: Der mutmaßliche Mörder muss die Leiche des Opfers berühren und eine Schwurformel ablegen; im Freisinger Rechtsbuch von 1328 ist sie zum ersten Mal festgeschrieben. Beginnt die Leiche wieder zu bluten, gilt der Mörder als überführt. Bekannt wurde der Fall des Hans Spiess aus dem Jahr 1503, ein „Krieger, Hurer, Spiler, Prasser", dessen Frau tot in ihrem Bett aufgefunden und bestattet wird. Schnell werden Gerüchte laut, Spiess habe seine Frau erwürgt, sie sei keines natürlichen Todes gestorben. Selbst unter Folter bestreitet er die Tat; weshalb die Leiche seiner Frau nach zwanzig Tagen für die Bahrprobe wieder ausgegraben wird. In den Berner Chroniken des Valerius Anshelm ist zu lesen:

„Und also, da diß elend, grusam Ansehen war zugericht, daß er sie mocht sehen, je nächer er hinzugieng, je meh sie wie worgend zum Mund us einen Schum uswarf; und da er gar hinzukam, und sollt schweren, da entfärbt sie sich und fieng an ze bluten, daß's durch die Baar niderrann, da fiel er nieder uf sine Knie, bekannt öffentlich sin Mord, und begehrt Gnad."

Sein Ansuchen um Gnade wurde nicht gewährt: Spiess wurde gerädert.

Parallel zu solchen Gottesurteilen entwickelt sich die Leichenöffnung aber auch in Europa: Die erste Notiz einer wissenschaftlichen Obduktion stammt aus dem Jahr 1286, als versucht wurde, den Grund für eine Seuche zu ermitteln. Als Hindernis für die Entwicklung eines Sektionswesens wird die Bulle „De supulturis" von Papst Bonifatius VIII. im Jahr 1299 gesehen: Sie richtet sich gegen das damals übliche Zerteilen und Abkochen von Leichen vor ihrer Überführung in die Heimat – wenn Personen etwa bei Kreuzzügen sterben. Sie wird auch als Stellungnahme gegen Obduktionen verstanden. Dennoch kommt es 1302 zur ersten dokumentierten gerichtsärztlichen Leichenöffnung in Bologna. 1316 wird dort das erste große anatomische Lehrbuch veröffentlicht.

1532 sieht die „Peinliche Halsgerichtsordnung" von Kaiser Karl V. erstmals vor, dass Ärzte hinzugezogen werden, wenn es zu medizinischen Fragen in der Rechtsprechung kommt. Ihnen kommt die Rolle zu, die Gutachter noch heute bei Prozessen haben. Maria Theresia ist die Erste, die es interessiert, woran ihre Untertanen im Allgemeinen sterben: 1770 wird die Totenbeschau eingeführt, zwei Jahre, nachdem mit der *Constitutio Criminalis Theresiana* die Strafprozessordnung für Österreich und Böhmen vereinheitlicht wurde (sie regelte außerdem die Foltermethoden und enthält in zwei Anhängen detaillierte Konstruktionspläne von Folterinstrumenten). Die Totenbeschauärzte müssen damals von der medizinischen Fakultät geprüft werden.

Maria Theresias Nachfolger Joseph II. will sichergehen, dass seine Untertanen auch wirklich tot sind, wenn sie begraben werden: Die Angst vor dem Scheintod ist immer präsent. Geschichten von Kratzspuren an den Innenseiten von Särgen machen die Runde, solche von exhumierten Leichen mit weit aufgerissenen Augen, die Arme gegen den Sargdeckel gedrückt. Joseph II. erlässt 1780 eine Sanitätsverordnung, dass Verstorbene erst nach 48 Stunden beerdigt werden dürfen. Es werden auch verschiedenste andere Methoden entwickelt. Die einen sollen dazu dienen, etwaigen Scheintoten die Chance zu geben, ihrem Grab wieder zu entsteigen – etwa eine Leiter, die in ein nicht mit Erde gefülltes Grab gelegt wird. Aber die meisten dienen dazu, sicherzugehen, dass die Toten auch wirklich tot sind: dass etwa der Sarg mit Erde gefüllt wird, damit etwaige Scheintote schnell ersticken. Noch beliebter ist der Herzstich, der in Österreich-Ungarn verfügt werden kann: Der Arzt stößt dem im Idealfall bereits Verstorbenen einen Dolch ins Herz, um auf Nummer sicher zu gehen. Auch der Sänger und Dramatiker Johann Nestroy verfügt testamentarisch diese Vorgehensweise. Noch 2002 warnt der deutsche Rechtsmediziner Wolfgang Huckenbeck, dass in Deutschland pro Jahr mindestens zehn Scheintote begraben werden. Es seien vor allem Menschen mit Medikamentenvergiftungen und Unterkühlungen, die gefährdet seien. Sie würden allerdings nicht lebendig im Sarg landen, sondern in der Kühlkammer erfrieren.

Ab 1800 wird in Wien die Ballade des lieben Augustin gesungen: Marx Augustin war ein Wiener Bänkelsänger, der zur Zeit der Pest im Jahr 1679 die Bevölkerung aufheiterte. Der Legende nach schlief er einmal in der Gosse seinen Rausch aus, als ihn die Siechknechte, die die Pestleichen einsammelten, kurzerhand mitnahmen und in eine Pestgrube vor der Stadt warfen, weil sie ihn für tot hielten:

Und selbst das reiche Wien,
Hin ist's wie Augustin;
Weint mit mir im gleichen Sinn,
Alles ist hin!
Augustin, Augustin,
Leg' nur ins Grab dich hin!
O du lieber Augustin,
Alles ist hin!

„Alles ist hin" trifft den aktuellen Zustand der Wiener Gerichtsmedizin, aber bei ihrer Gründung 1804 als „Staatsarzneykunde" ist sie eins der ersten Institute weltweit und wird über viele Jahrzehnte auch als eins der besten gelten. Ab 1808 ist es für alle Obduktionen in der Reichshauptstadt verantwortlich. Carl von Rokitansky, 1874 von Kaiser Franz Joseph zum Freiherrn ernannt, erkennt als einer der Ersten, dass die Pathologie eine wichtige Aufgabe haben muss: durch die Arbeit an Verstorbenen neue Diagnose- und Therapiemethoden zu entwickeln. Er ist auch der Erste, der mit einer systemischen Leichenöffnung betraut ist.

Trotz der Fortschritte in Sachen DNA-Analyse und toxikologischer Untersuchungen zur Erkennung von Vergiftungen hat sich die grundsätzliche Vorgehensweise bei Obduktionen seitdem nicht wesentlich verändert. Ein Gerichtsmediziner wie Rokitansky würde auch heute noch einen hohen Prozentsatz der Fälle lösen, die auf seinem Seziertisch landen, glaubt der Gerichtsmediziner Martin Grassberger. Die Deutsche Gesellschaft für Rechtsmedizin hat Leitlinien für den Ablauf einer solchen Leichenöffnung festgelegt:

Die Leiche ist zunächst im bekleideten Zustand zu besichtigen und die Bekleidung zu beschreiben, bevor die Leiche entkleidet wird. Sind an der Bekleidung Blutspuren, Haare oder sonstige Auffälligkeiten zu erkennen? Auch die entkleidete Leiche ist vor der Öffnung zu beschreiben und zum Beispiel auf Mundgeruch zu untersuchen – der könnte, wenn er etwa nach Bittermandel riecht, einen Hinweis auf eine mögliche Vergiftung geben.

Die Leichenöffnung selbst umfasst die drei Körperhöhlen: Kopf, Brust- und Bauchhöhle. Sie werden zuerst auf Fremdinhalt – von Blut bis zu Gegenständen – untersucht, sowie natürlich auch auf Verletzungen. Bei der Öffnung des Kopfs wird die Schädeldecke abgesägt, auch ihre Dicke wird festgehalten, Tipp der Deutschen Gesellschaft für Rechtsmedizin: „Schädeldach gegen das Licht halten." Auch das Gehirn wird seziert: „Welche Methode der Schnittführung zur Sektion des Großhirns gewählt wird – Frontal-, Horizontal- oder Parasagittalschnittmethode – hängt im wesentlichen von der Fragestellung ab."

Bei der Öffnung des Brustkorbs wird in der Regel von unten nach oben mit einer Rippenschere entlang der Knorpel-Knochen-Grenze vorgegangen, im Anschluss folgt die systematische Sektion der Brustorgane. Nach der Öffnung der Bauchhöhle ist nach den Richtlinien die „Paket"-Sektion der Organe im Bauchraum vorzuziehen. Auch der Darm ist aufzuschneiden und Abschnitt für Abschnitt zu sezieren. Bei allen Obduktionen sollten Organproben sowie Proben von Blut, Urin und Mageninhalt genommen werden.

Je nach Aufgabenstellung sind selbstverständlich noch weitere Untersuchungen angesagt.

Ka scheene Leich:
Die traurige Geschichte der Wiener Gerichtsmedizin

„Alles gerettet!" Diese zwei Worte kosten am 8. Dezember 1881 wahrscheinlich viele Menschen das Leben – und sorgen für den vielleicht größten Einsatz in der Geschichte des renommierten Wiener Instituts für Gerichtsmedizin. Diese zwei Worte, und der Teufel. Im Wiener Ringtheater, erst 1874 als „Komische Oper für theatralische Vorstellungen jeder Art und des Balletts" eröffnet, freuen sich die Besucher auf Jacques Offenbachs Oper „Hoffmanns Erzählungen". Bis zu 1.700 Menschen sollen sich im Theater befunden haben, die Vorstellung ist nahezu ausverkauft. Die Oper hatte erst tags zuvor Premiere. Der Teufel in vielerlei Gestalt vereitelt da dem Ich-Erzähler E. T. A. Hoffmann seine Liebesgeschichten, ihm bleiben nur der Rausch und die Kunst. Aber das wird keiner der Besucher dieses Abends erleben – stattdessen ein Inferno.

Gegen 18.40 Uhr, als die Gäste gerade ihre Plätze einnehmen, wird versucht, hinter der Bühne die Gasbeleuchtungen zu entzünden. Durch ein Versagen der Zündvorrichtungen strömt Gas aus, das beim nächsten Zündversuch explodiert. Sieben Minuten dauert es, bis die gesamte Bühne brennt, ebenso die Versenkung und der Schnürboden. Eine feuerhemmende Drahtkurtine ist nicht heruntergelassen, das war damals zwar verboten, aber üblich. Im Ringtheater ist nicht einmal die Kurbel für die Kurtine besetzt, um sie im Notfall zu bedienen. Als sie jemand erreicht, brennt sie bereits.

Im Zuschauerbereich fällt unterdessen das Licht aus, und die Notbeleuchtung geht nicht an – die Öllampen sind aus Kostengründen nicht gefüllt. Funken und brennende Dekorationsteile regnen durch den dichten Rauch auf die Zuschauer herab. Aus den Galerien springen Menschen in den Tod, weil sie die Notausgänge nicht finden, deren Türen noch dazu allesamt nach innen aufgehen. Nachdem ihre Löschversuche scheitern, flüchten die Angestellten des Theaters durch eine Hintertür – sie wissen nicht, was sie damit anrichten: Die offene Tür füttert die Flammen mit Sauerstoff, sie schaukeln sich zu einem Feuersturm auf. Trotzdem können sich noch rund fünfhundert Menschen ins Freie retten.

Die Feuerwehr wird zu spät alarmiert, und als sie eintrifft, ist sie zunächst nur mit einer Vorhut unterwegs. Zu allem Überfluss hört dann der Polizeirat Anton Landsteiner nichts mehr aus dem Theater und befindet: „Alles gerettet!" Den Einsatzkräften bleibt damit der Zugang zum Theater verwehrt. Offiziell sterben 386 Menschen, die Dunkelziffer dürfte sich auf rund 1.000 belaufen. Und der Teufel? Der sieht es offenbar wirklich nicht gerne, wenn er zum Darsteller einer Oper degradiert wird. Sechs Jahre später brennt die Opéra-Comique in Paris während einer Vorstellung von „Hoffmanns Erzählungen" ab, dort sterben etwa hundert Personen. Es dauert bis in die 1960er Jahre, dass „Hoffmanns Erzählungen" wieder regelmäßig auf dem Spielplan steht.

Für die Wiener Gerichtsmediziner unter ihrem Leiter Eduard von Hofmann bringt die Katastrophe vor „Hoffmanns Erzählungen" im Ringtheater wertvolle Erkenntnisse: Hofmann kann künftig erzählen, dass Rauchgasvergiftungen zum Tod führen können. Auch, dass Kohlenmonoxid ein Nachweis dafür ist, dass eine Person lebendig verbrannt ist. Das ist kriminalistisch vor allem im Umkehrschluss relevant: wenn festgestellt werden soll, ob eine Person bereits tot war, als sie verbrannte, und das Feuer nur zur Vertuschung eines Tötungsdelikts gelegt wurde. Auch eine neue Methode der Identifizierung von entstellten Leichen wird entwickelt: aufgrund ihres Gebisses beziehungsweise der Zahnstellung.

Unter den Toten des Ringtheaterbrands ist auch Ladislaus Vetsera. Einige Jahre später sollten sich Hofmanns Wege auch mit denen seiner Schwester Mary kreuzen – und das bedeutet bei einem Gerichtsmediziner selten etwas Gutes. 1888 lernt Mary bei einem Pferderennen in der Freudenau jenen Mann kennen, dem das Schicksal eigentlich die Bürde auferlegt hatte, zum mächtigsten Mann Österreich-Ungarns zu werden: Kronprinz Rudolf, einziger Sohn von Kaiser Franz Joseph und Kaiserin Elisabeth. Marys Schicksal sollte es werden, mit ihm zu sterben. Aus einem Briefwechsel wird im November 1888 eine Affäre, zu rund zwanzig Treffen soll es unter der Mithilfe von Rudolfs Leibfiaker Josef Bratfisch, vom Thronfolger auch „Nockerl" genannt, gekommen sein.

Der ist mit solchen Angelegenheiten vertraut, Mary Vetsera ist längst nicht die einzige Affäre des Kronprinzen. Noch die Nacht vor seinem Tod verbringt Rudolf mit seiner langjährigen Geliebten Mizzi Kaspar, der er auch 30.000 Gulden vermacht; schon zuvor hat er ihr ein dreistöckiges Stadthaus gekauft. Sie hat bereits im Sommer 1888 an die Polizei gemeldet, dass Rudolf sie zu einem gemeinsamen Suizid überreden wollte – was die Polizei nicht weiterverfolgte. So ist es die 17-jährige Mary Vetsera, die an seiner Seite sterben wird. Der Verlauf der Nacht ist bis heute nicht geklärt, aber irgendwann von 29. auf 30. Jänner 1889 erschoss Rudolf im Schloss Mayerling zuerst Mary Vetsera und danach sich selbst. Seiner Frau hinterließ Rudolf einen Brief: „Du bist von meiner Plage und Gegenwart befreit."

Aber es kann nicht sein, was nicht sein darf: der Thronfolger tot, neben ihm die Leiche einer jungen Baroness, die nicht seine Frau ist und die er offensichtlich getötet hat. Deshalb wird der Leichnam Vetseras später im Gemeindegebiet Mayerling aufgefunden und Rudolfs Leibarzt genötigt, einen Selbstmord festzustellen. Aber um dort aufgefunden zu werden, muss die Leiche Vetseras erst vom Tatort entfernt werden, möglichst unauffällig noch dazu. Die Tote bekommt einen Hut aufgesetzt, einen Stock ins Kleid gesteckt, damit sie nicht umkippt, und wird in einen Fiaker gesetzt, damit es den Anschein hat, als würde eine lebendige Person abreisen. Die tatsächliche Todesursache wird erst mehr als hundert Jahre später bestätigt.

Der Linzer Möbelhändler Helmut Flatzelsteiner fährt am 26. Juli 1991 mitten in der Nacht mit einem Lieferwagen auf den Heiligenkreuzer Friedhof, auf dem Vetseras Leiche liegen soll. Seit Jahren beschäftigt er sich mit dem Fall und will endlich Klarheit: Stimmt die offizielle Version der Geschichte, oder haben doch jene recht, die eine andere Todesursache vermuten, dass Vetsera etwa infolge einer missglückten Abtreibung verblutet sei? Mit Wagenhebern entfernt er die Steinplatte der Gruft, und als er den Zinnsarg mit Stricken aus dem Grab zieht, klappern darin die Gebeine. Im Keller seines Linzer Geschäfts öffnet er mit einem Komplizen den Sarg und findet dort Vetseras Skelett, ihre Haare, Kleidung und Schuhe. „Gestunken hat die Vetsera wie der Teufel", erzählt er dem *Standard*. Er lässt die Leiche unter dem Vorwand, es handle sich um seine tschechische Urgroßmutter, in einem Labor untersuchen, aber das wäre eigentlich gar nicht nötig gewesen: Im Schädel der Leiche klafft ein Loch.

Der Tod des Kronprinzen muss hingegen sofort geklärt werden. Wobei eigentlich geklärt werden muss, dass alles ganz anders ist. Eduard von Hofmann muss die Obduktion vornehmen, er soll nach dem Willen des Hofes einen Tod durch Herzversagen feststellen. Ein Selbstmord gilt als Schande, und dem Selbstmörder würde nicht einmal ein kirchliches Begräbnis zustehen. Hofmann weigert sich, aber mit einem Kunstgriff rettet er dennoch die Ehre der verstorbenen „Hoffnung der Dynastie und des Reiches", wie ihn die *Neue Freie Presse* nach seinem Tod betitelt. Zwar schreibt er, dass es keinen Zweifel gibt, dass „Seine k. u. k. Hoheit sich den Schuß selbst beigebracht hat und daß der Tod augenblicklich eingetreten ist".

Aber auch: „Die vorzeitige Verwachsung der Pfeil- und Kranznaht, die augenfällige Tiefe der Schädelgrube und die sogenannten fingerförmigen Eindrücke an der inneren Fläche der Schädelknochen, die deutliche Abflachung der Hirnwindungen und die Erweiterung der Hirnkammer sind pathologische Befunde, welche erfahrungsgemäß mit abnormen Geisteszuständen einherzugehen pflegen und daher zur Annahme berechtigen, daß die Tat in einem Zustand von Geistesverwirrung geschehen ist" – er wusste nicht, was er tut. Kronprinz Rudolf konnte in der Kaisergruft bestattet werden.

Heute steht das Institut selbst kurz vor dem Exitus, es ist längst mehr berüchtigt als berühmt. Sein Leidensweg beginnt 1989 mit der Pensionierung von Wilhelm Holczabek als Leiter der Gerichtsmedizin. Seine Nachfolge ist nicht geregelt, erst 15 Jahre später wird 2004 als Nachfolger Manfred Hochmeister präsentiert. Er ist bei der Ausschreibung des Postens eigentlich nur auf Platz drei gereiht, hinter dem ausgewanderten Österreicher Stefan Pollak und Bernd Brinkmann. Die Verhandlungen mit Pollak scheitern, Brinkmann wird zugunsten Hochmeisters übergangen. Der hat zuvor das DNA-Labor Wien aufgebaut und findet als Leiter der Gerichtsmedizin nach eigener Aussage „katastrophale Missstände und massive Widerstände" vor.

Der Rechnungshof sieht das ähnlich, im Rohentwurf eines Berichts von 2004 ist von Verwesungsgeruch in den Räumlichkeiten die Rede, von einer desolaten Bausubstanz und veralteten Geräten. Hochmeister präsentiert ein Video, auf dem aufeinandergestapelte Leichen, Maden und Fliegen zu sehen sind. So, sagt er, könne es nicht weitergehen. „Wir sind die Anwälte der Toten", erklärt er, und dass er das Institut, das seit langem in der Krise sei, „wieder unter die Top Ten der Welt" bringen wolle.

Er kritisiert auch die Vergabe der Gutachten: Vom Gericht werden einzelne Gutachter persönlich beauftragt, sie nutzen für die Obduktionen und andere Aufträge aber die Infrastruktur des Instituts. 15 Prozent des Honorars bekommt das Institut dafür, der Rechnungshof befindet, es sollten 40 sein. 600.000 Euro Nachzahlung sollen die Gerichtsmediziner deshalb leisten. Sie sind vom neuen Leiter alles andere als angetan, und von seinen Plänen noch weniger: In Zukunft, sagt er, solle nämlich grundsätzlich der Leiter des Instituts mit der Durchführung von Obduktionen beauftragt werden; und diese Aufträge weitervergeben, weil das Institut gar nicht wisse, welche Geldflüsse es zwischen Justiz und Gerichtsmedizinern gibt. Die argumentieren mit gutachterlicher Unabhängigkeit: Niemand solle ihnen dreinreden können.

Nur ein Jahr nach der Bestellung von Manfred Hochmeister gibt der Rektor der Medizinischen Universität Wien, Wolfgang Schütz, am 28. Jänner 2005 bekannt: Der Leiter des Instituts ist wieder abgesetzt. „Das Vertrauensverhältnis war massiv gestört.

Der Schritt war einfach notwendig." Der Grund für seine Absetzung, eine Unregelmäßigkeit in der Buchhaltung, wird von vielen bis heute als vorgeschoben bezeichnet – zumal sich herausstellt, dass Hochmeister sich niemals persönlich bereichert hat. Erstmals steht die Schließung des gesamten Instituts im Raum.

Im September 2007 kommt es in Wien zu einem von der Polizei erbetenen „Leichen-Gipfel", weil Wien zu einem „Dorado für Mörder" zu werden droht, wie es Gerichtsmediziner Christian Reiter damals formuliert: „Vorgetäuschte Selbstmorde, rechtlich relevante Kausalverläufe bei Todesfällen nach Unfällen sowie Tötungsdelikte, die als Unfälle imponieren, werden in Zukunft gar nicht mehr zur Obduktion gelangen!" Der Grund ist eine Gesetzesänderung, die Einsparungen bringen soll: Die sanitätspolizeilichen Obduktionen sollen nicht mehr „zur zweifelsfreien Klarstellung der Todesursache" angeordnet werden, sondern nur noch, „wenn die Obduktion zur Klarstellung der Todesursache aus wichtigen Gründen der öffentlichen Gesundheitsfürsorge erforderlich ist und die Todesursache nicht auf andere Weise festgestellt werden kann". Erklärtes Ziel: die Zahl der sanitätspolizeilichen Obduktionen mindestens zu halbieren.

Damals gibt es in Wien jährlich rund 1.500 sanitätspolizeiliche Obduktionen. Rund 100 davon werden zu Verdachtsfällen, und in zehn bis zwanzig Fällen jedes Jahr stellt sich heraus, dass der Tod kein natürlicher war – also entweder ein Unfall, ein Suizid oder ein Tötungsdelikt. Auch die Staatsanwaltschaft protestiert: Mit den Einsparungen „wird in Zukunft Tür und Tor für Verbrechen geöffnet". Denn das einzige Ergebnis des „Leichen-Gipfels" lautet: „Wir wissen jetzt wenigstens, wo die Leichen zwischengelagert werden", sagt Vize-Polizeipräsidentin Michaela Pfeifenberger. Anders formuliert: Die Warnungen von Polizei, Staatsanwaltschaft und Gerichtsmedizinern werden ignoriert. Für ein Einsparungspotenzial von gerade einmal 120.000 Euro im Jahr.

Genauso schwer wie die Einsparungen wiegt eine andere Veränderung: Die sanitätspolizeilichen Obduktionen werden künftig nicht mehr von Gerichtsmedizinern, sondern von Pathologen durchgeführt. Die bezeichnen sich selbst als überfordert mit dieser Aufgabe, das ist auch kein Wunder: Sie sind dafür nicht ausgebildet – toxikologische Untersuchungen fallen etwa nicht in ihren Tätigkeitsbereich. „Fachärzte für Pathologie sind in der Diagnostik von komplexen Krankheiten gut ausgebildet, aber nicht in der Erkennung von spurenarmen nichtnatürlichen Todesfällen", sagt Gerichtsmediziner Martin Grassberger. „Auch forensische Spezialuntersuchungen sind dort nicht durchführbar. Wenn dann bei pathologischen Obduktionen ‚Herz-Kreislauf-Stillstand' oder ‚akutes Herzversagen' als Todesursachen festgestellt werden, ist das irgendwie nie ganz falsch: Das Herz hört schließlich immer auf zu schlagen – auch bei Vergiftungen und anderen spurenarmen Tötungsmethoden."

Am 1. Jänner 2008 schließt das Institut für Gerichtsmedizin tatsächlich seine Pforten. Forschung und Lehre soll es weiter am Institut geben, auch wenn überall kritisiert wird, dass beides sowieso kaum noch stattfindet. Aber: Keine Obduktionen mehr an der Gerichtsmedizin, kündigt Rektor Schütz an. Das würde sich nach dem Abzug der sanitätspolizeilichen Obduktionen von der Gerichtsmedizin nicht mehr auszahlen. Die Gerichtsmediziner sollen künftig in Spitälern arbeiten. Bereits Mitte Jänner 2008 kommt es dabei zu ersten Komplikationen, denn: Leichen stinken, vor allem solche, die schon länger irgendwo gelegen sind. Faulleichen werden sie genannt. Die Rudolfstiftung lehnt deshalb die Anlieferung einer Leiche ab, sie soll letzten Endes, so berichtet es *Der Standard*, „in einer Abstellkammer des Hietzinger Krankenhauses" obduziert worden sein. Mitte April wird bekannt: Die Rudolfstiftung ist für Obduktionen aus hygienischen Gründen gänzlich ungeeignet, ein Obduktionsverbot wird dort ausgesprochen.

Die Gerichtsmediziner müssen ab Herbst 2008 zum Wiener Zentralfriedhof fahren, wenn sie ihrer Arbeit nachgehen wollen: Dort werden Container für Obduktionen aufgebaut, um die Spitäler zu entlasten. Der Gerichtsmediziner Christian Reiter sagt, dass die Einsparungen bereits Konsequenzen nach sich ziehen: „Es ist eine Reihe erst 30, 40 Jahre alter Menschen plötzlich gestorben, ohne dass der Ursache auf den Grund gegangen wurde." Rechtlich wird unterdessen ein Kompromiss bei der Erstellung von Gutachten gesucht: Zwar kann in Zukunft – wie vom geschassten Leiter Hochmeister gewünscht – das Institut von der Justiz beauftragt werden, die darf sich aber auch einen bestimmten Gutachter wünschen.

Richard Dirnhofer schreibt unterdessen Mails an die Medizinische Universität, an das Justizministerium, das Innenministerium, die Stadt Wien. Er hat ein Konzept für eine moderne Gerichtsmedizin skizziert; und er hat auch einen Mäzen aufgestellt, der dafür sieben bis zehn Millionen Euro in die Hand nehmen würde. Der Österreicher Dirnhofer ist zu diesem Zeitpunkt Leiter der Gerichtsmedizin in Bern, davor hatte er den gleichen Job in Basel. Wie viele andere renommierte Gerichtsmediziner würde es ihn reizen, den Karren aus dem Dreck zu ziehen, das Wiener Institut ist aufgrund seiner Geschichte für viele ein Sehnsuchtsort. „Ich war überall", erzählt er, in den Ministerien warb er für einen Neustart in Wien. „Wir haben alles probiert."

76

Sein Institut soll Anlaufstelle für Justiz und Inneres sein, für die Stadt Wien und auch für private Auftraggeber; es soll endlich wieder Forschung und Lehre betreiben. Neben den Obduktionen soll dort auch eine Opferambulanz aufgebaut werden, forensische Chemie und forensische Genetik sollen Teil des Instituts werden. Die Antworten sind wenig überraschend: Niemand will zuständig sein. Das Justizministerium steht dem Konzept positiv gegenüber und macht darauf aufmerksam, dass „die Finanzierung von Forschung und Lehre auf diesem Gebiet nicht Aufgabe des Justizressorts sein kann". Das Innenministerium leitet sein Schreiben an das Wissenschaftsministerium weiter, das es an die Medizinische Universität schickt. Das Konzept landet in einer Schublade. „Es ist versandet", sagt Dirnhofer.

2010 feiert die Gerichtsmedizin ein Comeback, wenn auch nur ein kleines: Im renovierten, um die Hälfte verkleinerten Institut können ab dem Sommer wieder Obduktionen durchgeführt werden – zumindest gerichtsmedizinische, die sanitätspolizeilichen bleiben in den Spitälern. Dafür hat die neue Gerichtsmedizin keine Kapazitäten. In den Kühlräumen ist Platz für 32 Leichen. Und es wird mit Daniele Risser ein neuer Leiter bestellt. Er möchte sich für dieses Buch nicht zu seiner Gerichtsmedizin äußern, weil es in der österreichischen Gerichtsmedizin die Abmachung gebe, dass nur der Präsident der österreichischen Gerichtsmediziner, Walter Rabl, öffentlich über den Zustand des Fachs spricht – selbst wenn es konkret um die Wiener Gerichtsmedizin gehe. Doch auch der möchte sich zur Lage in Wien nicht äußern.

Auch auf Rektoratsebene kommt es zu einem Wechsel: Markus Müller löst Anfang 2015 Wolfgang Schütz als Rektor ab. Er sorgt 2016 mit einem Vergleich für Aufsehen: Die Wiener Gerichtsmedizin sei vergleichbar mit einem 85-Jährigen, der seine Aufgaben noch erfüllen könne, bei dem aber absehbar sei, „dass er irgendwann einmal das Zeitliche segnen wird". Heute ist ihm diese Aussage ein bisschen unangenehm, ein „bisschen markant" sei sie gewesen. Aber letzten Endes dennoch korrekt. An der Wiener Gerichtsmedizin gibt es drei Personen „im reiferen Alter", wie Müller sagt, die für die Justiz Obduktionen durchführen – und keinen Nachwuchs, eigentlich seit Jahrzehnten nicht. Seit das Institut zu einem Stiefkind wurde und die Gerichtsmediziner erkannten, dass Obduktionen für die Justiz ein viel besseres Geschäft sind als Lehre und Forschung.

Der mittlerweile noch ältere Patient Gerichtsmedizin, sagt Müller, sei eines der schwächsten Institute seiner Medizinischen Universität Wien, es erbringe weniger als 0,1 Prozent der gesamten Forschungsleistung. Der Leichenzugang zum Hörsaal, durch den einst die Toten ins Auditorium geschoben wurden, soll bereits zugemauert sein. Ein bitteres Eingeständnis dafür, dass Ausbildung hier keinen Platz mehr hat. Deshalb, sagt Müller, sei das Institut eines, das ihm nichts bringe.

Den sanitätspolizeilichen Obduktionen trauert er noch immer nach, es sei „keine wahnsinnig gute Idee" gewesen, diese von der Gerichtsmedizin abzuziehen. „In einer idealen Welt" sollten diese Obduktionen wieder zusammengeführt werden, sagt Müller – was nichts anderes heißt, als dass er genau weiß, dass das nicht passieren wird. Aktuell wäre es aufgrund der Räumlichkeiten wie des Personalstands für die Gerichtsmedizin gar nicht möglich, das gibt auch Müller zu.

Die Stimmung am Institut ist weiterhin im leichengefüllten Keller. Das hängt nicht nur mit der Gesamtsituation, sondern

auch mit dem neuen Leiter zusammen. In ihrem Kündigungs-
mail nach nur drei Monaten im Job schreibt eine ehemalige
Mitarbeiterin in der Administration am 17. September 2014,
dass eine dem Institut zugeteilte Psychotherapeutin von jedem
Mitarbeiter regelmäßig aufgesucht werde – „und zwar nicht,
weil alle so einen Streß damit hätten, daß sie Tag für Tag mit
Leichen zu tun haben, sondern vielmehr, weil alle so einen
Streß damit haben, daß sie Tag für Tag mit so einem Chef zu
tun haben."

Sie beschreibt einen Arbeitsalltag, der von Mobbing geprägt
war: davon, dass Anweisungen „im Brüllton vorgetragen" wurden, dass Mitarbeiterinnen „angeschrien, beleidigt und zum
Weinen gebracht" wurden. Dass ihr mitgeteilt wurde, dass sie
„zu viel rede und damit jedem auf die Nerven" gehe. Ihre logische Konsequenz: „Ich kündige. Und wünsche viel Spaß bei der
Einschulung/Indoktrinierung/Terrorisierung der nächsten Kollegin."

Ein anderer, der Gerichtsmediziner Johann Missliwetz, klagte
den Leiter Daniele Risser sogar wegen Mobbings: Er verlor den
Prozess, aber das Urteil zeichnet dennoch ein erschreckendes
Bild. Im Grunde besagt es, dass Missliwetz nicht speziell ge-
mobbt wurde, weil Risser „ganz allgemein und ohne irgendeine
besondere Zielrichtung zu jähzornigen Äußerungen und Verhal-
tensweisen neigte". Es stehe „unbekämpft fest, dass am Institut
für Gerichtsmedizin seit jeher ganz allgemein ein für Außenstehende speziell anmutender – und mitunter skurriler bis bizar-
rer – Umgangston herrscht, der aber nicht auf konkrete Personen zurückzuführen ist, sondern auf die schon rein objektiv alle
dort tätigen Personen äußerst belastenden alltäglichen bzw. dort
‚normalen' Arbeitsinhalte zurückzuführen ist."

Der 2010 abgesetzte Leiter Manfred Hochmeister ist übrigens noch immer am Institut, er obduziert aber nicht. Hochmeister hielt im Sommersemester 2019 bei vollem Professorengehalt zwei Vorlesungen – und widmet sich ansonsten gerne seinem Hobby: Unter dem Pseudonym „Professor Bombasti" tritt er als Zauberer auf.

Für die belastenden Arbeitsinhalte werden zumindest die drei obduzierenden Gerichtsmediziner gut entlohnt: Rund 700.000 Euro sollen sie sich im Jahr 2018 insgesamt durch Obduktionen für die Justiz dazuverdient haben – in der Arbeitszeit. Eine gerichtsmedizinische Obduktion, erzählt ein ehemaliger Mitarbeiter des Instituts, sei an der Gerichtsmedizin in Wien etwa doppelt so teuer wie an anderen Instituten.

Rektor Müller hat ein Institut in seinem Wirkungsbereich, das zwar eine wichtige Aufgabe erfüllt, aber nicht für ihn. Für ihn kostet es hauptsächlich Geld, etwa drei Millionen Euro pro Jahr. Ungefähr die Hälfte davon, sagt Müller, ist eine Querfinanzierung der Justiz durch die Medizinische Universität für Obduktionsleistungen. Seit Jahren, erzählt Müller, würden ihm alle zuständigen Politiker erklären, dass sie das Problem verstehen. „Es ist noch nie etwas passiert."

Deshalb stellt er nun der Justiz die Rute ins Fenster: „Sie muss sich Gedanken machen, ob sie diese Form der Gerichtsmedizin behalten möchte oder nicht", sagt er, und dass er eigentlich gut auf das Institut verzichten könnte: „Es ist legitim zu sagen: Dann haben wir halt keine Gerichtsmedizin." Der Zeitpunkt dafür könnte, das vermuten jedenfalls einige, das Jahr 2025 sein, wenn der aktuelle Leiter Daniele Risser das Pensionsalter erreicht. Die Justiz müsste sich dann eine andere Lösung für Obduktionen überlegen. Unterdessen gibt es kleine Schritte in Richtung Verbesserung: Zwei Ausbildungsstellen sollen im Herbst 2019 ausgeschrieben werden. Und das, obwohl die Justiz dafür keinen Beitrag leiste, sagt Rektor Müller.

Nicht dass die Situation jetzt zufriedenstellend wäre: Im Jahr 2018 dauerte es durchschnittlich 111 Tage, bis das Gutachten einer Obduktion an der Wiener Gerichtsmedizin fertig war – und im längsten Fall dauerte es 223 Tage, weit länger als ein halbes Jahr.

Die ganze Situation in Wien sei totaler Mist, schimpft ein deutscher Gerichtsmediziner. Seine Kollegen dort seien dekadent und nur auf den eigenen finanziellen Vorteil bedacht; sie seien fachlich schlecht bis jenseitig, obwohl sie vom Gegenteil überzeugt seien. Und ihre Nähe zur Justiz sei bedenklich. Untragbar sei die Situation, pflichtet ein österreichischer Kollege bei, gerade in einer Millionenstadt wie Wien: „Stellen Sie sich vor, da passiert einmal was, da müssen doch kompetente Leute sitzen. Das kann man doch nicht so verludern lassen."

Das Wiener Institut ist eines von vier gerichtsmedizinischen Instituten in Österreich, die anderen befinden sich in Graz, Innsbruck und Salzburg. Vor allem das Innsbrucker Institut hat einen guten Ruf, es hat sich auf jenen Bereich spezialisiert, den der Kurzzeit-Leiter Manfred Hochmeister auch besetzen wollte: die DNA-Analyse.

Offenbar ist allein die Existenz eines gerichtsmedizinischen Instituts ein Faktor bei der Frage, ob eine Obduktion angeordnet wird: Die höchsten gerichtsmedizinischen Obduktionsraten hatten 2018 mit Tirol (4,1 Prozent), Wien (2,9) und Salzburg (1,8) drei der vier Bundesländer mit gerichtsmedizinischen Instituten, die niedrigste gab es im Burgenland (0,5). Alle gerichtsmedizinischen Obduktionen im Osten Österreichs mache außerhalb Wiens ein einziger gerichtsmedizinischer Sachver-

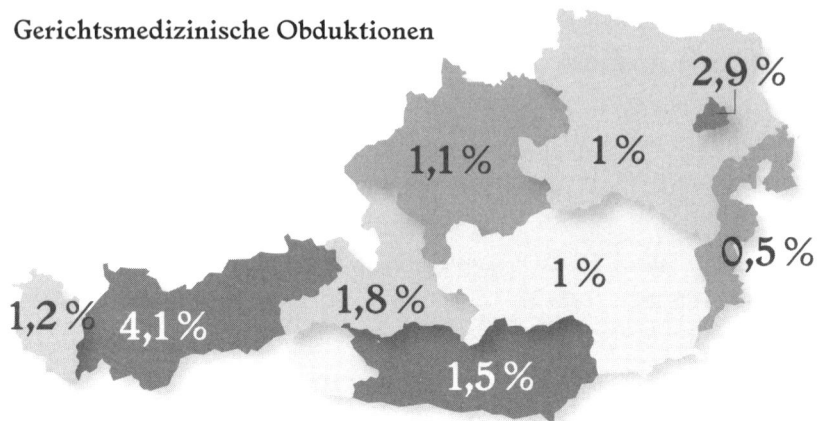

Gerichtsmedizinische Obduktionen

2,9 %

1,1 %   1 %

0,5 %

1,8 %   1 %

1,2 % 4,1 %

1,5 %

ständiger, der „heillos überfordert" sei, wie ein Anwalt erzählt. „Der braucht nicht mal dran denken, auf Urlaub zu fahren." Oft müsse er monatelang auf ein Obduktionsergebnis warten, das sei „ein massives Problem".

Aber wie könnte eine moderne Gerichtsmedizin aussehen, die ihre Aufgabe erfüllt? „In Hamburg haben wir das beste System", sagt Klaus Püschel. Es ist also Zeit, dorthin zurückzukehren, wo Fritz Honka einst gemordet hat. Der Goldene Handschuh, mittlerweile auch „Honka-Stube" genannt, und der Elbschlosskeller, sie sind immer noch rund um die Uhr geöffnet, noch immer torkeln Betrunkene um die Mittagszeit aus den Lokalen. Sie haben der Gentrifizierung des Kiez in einer Seitengasse der Reeperbahn erfolgreich widerstanden.

In Hamburg-Eppendorf ein paar Kilometer weiter draußen ist eher die gutbürgerliche Klientel zu Hause, Backsteinhäuser mit akkurat gestutzten Hecken reihen sich aneinander. Am Rande des Universitätsklinikums hat Klaus Püschel hier sein Reich. Er leitet die rechtsmedizinische Fakultät, es ist das Pendant zu einer Gerichtsmedizin in Österreich. Dass in Hamburg offensichtliche Tötungsdelikte übersehen werden, schließt er nahezu aus. Und das würde eben am Hamburger Modell liegen. Über 70 Prozent der Verstorbenen werden verbrannt, und es ist Pflicht, dass ein Gerichtsmediziner alle Leichen vor dem Verbrennen noch einmal beschaut. Alle Leichen werden dabei entkleidet und von Profis angesehen. Hat ein Gerichtsmediziner einen Verdacht, informiert er die Behörden. Etwa 25.000 Tote werden pro Jahr so beschaut, Tötungsdelikte nur vereinzelt gefunden.

Alle Leichen, deren Todesursache zunächst unklar ist, alle, die keines natürlichen Todes gestorben sind, und alle, die im Rettungswesen verstorben sind, landen sowieso im Keller von Püschels Institut. Zwischen 15 und 20 Leichen sind das jeden Tag. Sie werden mit einem Lift in den Keller des Gebäudes gefahren, drei Särge stehen gerade dort, die Kühlkammer mit den frisch angelieferten Leichen ist heute fast leer: Nur ein Mann mit leichten Verwesungserscheinungen liegt gerade dort. Der Rest ist fast wie im Film: Die Leichen lagern in eigenen Fächern auf Bahren, bis sie wieder herausgeschoben werden, eine Identifikationsnummer ist an den großen Zeh gebunden, damit es nicht zu Verwechslungen kommt.

Bei allen Toten, bei denen ein Drogenhintergrund vermutet wird, werden Blut- und Urinproben genommen; alle toten Kinder werden computertomografisch untersucht. So können auch Schütteltraumata erkannt werden. Immer wieder sollen über die Jahre Politiker gekommen sein, die gefragt haben: Müssen wir das wirklich alles so genau wissen? „Der Püschel macht das so", sei immer seine Antwort gewesen. „Man braucht schon ein gewisses Standing." Er habe auch die Möglichkeit, eine rechtsmedizinische Obduktion anzuordnen, wenn etwa die Todesursache unklar sei und kein Verdacht auf Fremdverschulden vorliege. Seine Gerichtsmediziner arbeiten für ihn, nicht für die Justiz. Forschung und Lehre sind genauso wichtige Standbeine. In Hamburg, erzählt Püschel, wolle das Klinikum die Rechtsmedizin nicht loswerden. „Sie sagen, die schmückt uns."

CSI auf Schwyzerdütsch:
Die Zukunft der Gerichtsmedizin

Richard Dirnhofer ist ein bisschen überfordert, aber vor allem ist er begeistert. Er steht in einem Restaurant in Zürich, in dem zwei Männer streiten. Gleich wird ein Schuss fallen, und einer der Männer wird tot zu Boden sinken. Dirnhofer springt im Raum hin und her, um eine ideale Position dafür zu finden, den Tathergang zu betrachten.

Eigentlich steht er in einem Raum des rechtsmedizinischen Instituts der Universität Zürich und trägt eine Virtual-Reality-Brille. Er betrachtet den Showcase des Instituts zur virtuellen Tatortbegehung, hält einen Controller in der Hand, dreht sich, bewegt sich durch den echten Raum genauso wie durch den virtuellen. Er staunt.

Der Ermittler kann sich frei im virtuellen Raum bewegen, alle möglichen Blickpunkte einnehmen. Er kann an der Stelle stehen, wo eine Zeugin stand, als der Mord passierte; er kann sich in ihre Lage hineinversetzen, kann überprüfen, ob ihre Aussagen Sinn ergeben. Er kann Schusskanäle legen, um festzustellen, aus welcher Richtung der Schuss gekommen sein muss. Wo sich der Täter versteckt haben muss. Denn in diesem Fall stellt sich heraus: Der Schütze ist ein dritter Mann, versteckt hinter einem Vorhang. All das haben zwar Ermittlungen abseits des virtuellen Tatorts ergeben, aber die Idee dahinter ist vielfältiger: Staatsanwälte, Zeugen, Täter und Opfer, sie alle können sich gleichzeitig in diesem virtuellen Raum befinden, ohne physisch anwesend zu sein. Ihnen kann gezeigt werden, was passiert ist, oder sie können den Ermittlern den Tathergang schildern, wie sie ihn erlebt haben. Vor allem komplexe Tathergänge können mit diesen

Methoden dargestellt werden: etwa der Fall eines Kokaindealers, der 2008 im Zuge einer Polizeikontrolle in einem gut besuchten Internet-Café wild um sich schoss.

Andere Richter und Staatsanwälte bevorzugen es, Beweismittel in Händen zu halten, deshalb arbeitet einen Raum weiter der 3D-Drucker, ein Schädel mit Verletzungen zum Beispiel kann so vor Gericht präsentiert werden. „Ich bin den Tränen nahe", sagt Richard Dirnhofer. Das Institut der Rechtsmedizin in Zürich ist sein manifest gewordener Traum. Eine Rechtsmedizin am Puls der Zeit; die forscht, experimentiert und keine Angst vor technischen Neuerungen hat. Dirnhofer leitete von 1991 bis 2005 das rechtsmedizinische Institut in Bern, wo der nunmehrige Institutsleiter in Zürich, Michael Thali, sein Schüler war. Der gebürtige Österreicher Dirnhofer entwickelte vor rund zwanzig Jahren das Konzept der Virtopsy, einer virtuellen Autopsie mit bildgebenden Verfahren. Das ist nicht ganz so simpel, wie es vielleicht klingt: Weil Tote keinen Blutkreislauf mehr haben, ist es beispielsweise nicht möglich, mit Kontrastmitteln zu arbeiten. Umgekehrt sind Gasansammlungen im Körper, Luftembolien oder abgebrochene Tatwerkzeuge durch die Virtopsy viel besser darstellbar als durch eine herkömmliche Obduktion. Nach Dirnhofers Pensionierung in Bern wanderten die Vorreiter der Virtopsy mit Michael Thali nach Zürich. Dort ist sie jetzt Standard geworden – während nebenbei an anderen Projekten wie eben der virtuellen Tatortbegehung gearbeitet wird.

Die Virtopsy ist seit Jahren das Aushängeschild des Instituts: Jede Leiche, die am Institut angeliefert wird, wird erst einmal durch den Computertomografen im Keller geschickt. In rund zwanzig Prozent der Fälle, erzählt Thali, habe das im Vorjahr bereits die Obduktion komplett überflüssig gemacht, die Todesursache konnte damit zweifelsfrei geklärt werden. Das sei aber erst der Anfang der Entwicklung. In wie vielen Fällen wird die Virtopsy in Zukunft die Obduktionen ersetzen? „Da fragen Sie den Falschen", sagt Thali. „Ich bin überzeugt von der Technologie." Er glaubt: in allen Fällen. Im Zuge einer niederländischen Studie aus dem Jahr 2019 wurden mit einem Magnetresonanztomografen (MRT) bereits 85 Prozent aller postmortalen Diagnosen entdeckt, beim Computertomografen (CT) immerhin 68.

Es komme allerdings auch immer auf die Fragestellung an. Im Autopsiesaal liegt gerade eine Frau, die zwanzig Stockwerke in die Tiefe gestürzt ist. Woran genau sie gestorben ist, lässt sich schwer festmachen – wer aus dieser Höhe fällt, hat viele Verletzungen, die mit dem Leben nicht mehr vereinbar sind. Die tödlichen Verletzungen sind konkurrierend, heißt das im Fachjargon. Aber, sagt Thali, das sei in dem Fall gar nicht die relevante Frage. Die sei vielmehr: Wurde sie geschubst oder ist sie freiwillig gesprungen? Hat sie Drogen genommen, war sie betrunken? In Zürich hat Thali ein Stufenmodell entwickelt: Zunächst kommt jede Leiche ins CT, danach wird eine toxikologische Schnellanalyse gemacht. Aufgrund der Ergebnisse wird entschieden: Ist eine Obduktion notwendig? Braucht es eine detaillierte toxikologische Auswertung?

Das CT ist lediglich der erste Schritt der Virtopsy, im zweiten kommt der eigens entwickelte Virtobot zum Einsatz: ein Roboterarm, wie er sonst in den Werken großer Autohersteller steht und Autoteile mit größtmöglicher Präzision zusammenschraubt. Im Keller der Rechtsmedizin in Zürich ist er für Biopsien zuständig. Selbstständig findet er die beste Einstichstelle und stößt die Nadel in den Körper. Einer der Vorteile: Das funktioniert sogar durch Plastiksäcke hindurch, in denen etwa Faulleichen liegen.

„Dann hat man nicht überall die Maden." Der Virtobot, sagt Thali, „das ist Formel 1, das ist Weltklasse". Aber dass es rechtsmedizinische Institute gibt, in denen nicht mit CT gearbeitet wird, das kann er nicht verstehen. Die Kosten dafür würden bei rund 200.000 Euro liegen. „Wer sagt, das geht nicht, der will nicht." Sein institutseigenes CT allerdings, erzählt er, ist auch aus der Formel-1-Liga und kostet ungefähr das Zehnfache eines billigen Modells. Seine Ingenieure können aufgrund der Bilder nicht nur die Oberfläche eines Körpers rekonstruieren, sie können diese Simulation auch auferstehen und gehen lassen.

Einen Raum weiter steht ein Magnetresonanztomograf (MRT), „das ist wieder Weltklasse, das haben nicht viele Institute", sagt Thali. Das CT sei sehr gut darin, Knochen von Weichteilen zu unterscheiden, während ein MRT die Weichteile besser darstelle, etwa Flüssigkeitsablagerungen in Organen. Auch an neuen Anwendungen wird geforscht, es kann nun etwa der Alkoholgehalt im Gehirn nachgewiesen werden, ohne eine Stoffprobe zu nehmen. Die Hypothese der Gerichtsmediziner in Zürich: In naher Zukunft wird es auch möglich sein, chronischen Alkoholkonsum und dessen Ausmaß mittels MRT nachzuweisen.

In der Schnittstelle zwischen CT und MRT werden aus den Bildern am Schirm 3D-Modelle errechnet; sie sind so genau, dass bei einem Schädel mit Einschussloch sogar das Kaliber der Waffe am Schirm festzustellen ist. Der Schusskanal ist genauso sichtbar, wie nachweisbar ist, wo wie viel Gehirnstruktur zerstört wurde. Weil dabei massive Datenmengen anfallen, soll künstliche Intelligenz helfen. „One 5000-Section CT-Scan Can Ruin Your Whole Day" heißt ein Paper des Instituts, das gleich eine Lösung mitliefert, wie der Tag gerettet werden kann: indem die Arbeit jemand anderer macht. In diesem Fall werden neuronale Netzwerke zur Datenanalyse herangezogen. Sie sollen in Zukunft nicht nur CT-Scans analysieren, sondern auch einzelne Spermien auf Abstrichen finden oder Drogen erkennen, die sie vorher noch nie gesehen haben. Ein großer Vorteil der Bildgebung: Die Ergebnisse sind nicht nur im Seziersaal zu betrachten, sie können an Experten weltweit gesendet werden. Bei Gerichtsprozessen sind die Ergebnisse für alle beteiligten Parteien zu gleichen Teilen verfügbar. Und die Virtopsy ist auch in Kulturen anwendbar, in denen Obduktionen aus religiösen Gründen abgelehnt werden.

Wer heute also wissen will, wie sich ein Institut mit Weltruf anfühlt, muss nach Zürich, nicht nach Wien. 180 Mitarbeiter hat Michael Thali. Darunter Programmierer und Physiker, das DNA-Labor ist genauso im Haus wie die Toxikologie. Nachdem er 2011 Leiter des Instituts wurde, intensivierte er die Forschung: Aus etwa zehn Publikationen pro Jahr wurden mehr als hundert. Die Einnahmen aus der Tätigkeit für die Justiz bleiben im Institut. „Wenn das aufs eigene Konto geht, dann ist es logisch, dass es eher in ein neues Auto als in die Forschung investiert wird", sagt Thali.

Im obersten Stockwerk des Instituts arbeiten Geräte im Gegenwert von vielen neuen Autos: „Ich habe hier Geräte im Wert von 20 Millionen Euro herumstehen", sagt Thomas Krämer, stellvertretender Institutsleiter und Herr über die toxikologische Abteilung. Eines der Geräte, es kostet 1,4 Millionen Euro, nimmt Fingerabdrücke. Das könne man auch billiger haben, gibt Krämer zu, aber: „Ich kann die Fingerabdrücke hier substanzspezifisch untersuchen." Das heißt: „An einer Tür am Hauptbahnhof gibt es Millionen Fingerabdrücke übereinander. Aber ich kann den rausrechnen, der mit Sprengstoff hantiert hat." Anhand eines einzelnen Haares kann er eine Chronologie einer Substanz erstellen: also wie oft eine Person beispielsweise Kokain konsumiert hat. Die Idee hat er aus einer CSI-Folge, er wollte testen, ob das auch in Wirklichkeit funktioniert. „Wir haben das dann als Erste gemacht." Immer wieder sei das FBI bei ihm zu Besuch, um sich anzuschauen, was bereits alles möglich ist.

Krämer betreibt Haarspalterei im wahrsten Sinne des Wortes: Er lässt Haare längs aufschneiden und analysieren, er kann beispielsweise mittlerweile feststellen, ob Kokainspuren auf den Haaren daher stammen, weil jemand auf einer Party war, auf der die Droge konsumiert wurde, oder ob sie tatsächlich von dieser Person konsumiert wurde. Einer seiner Doktoranden möchte eine Methode finden, das Alter von Spuren am Tatort zu erkennen.

Richard Dirnhofers Augen leuchten, als er all das hört. Während es in Österreich geheißen habe, die Virtopsy sei eine groteske Umkehr der Tätigkeit von Gerichtsmedizinern, ist seine Idee in der Schweiz mit Begeisterung aufgenommen worden. „Es freut mich so, dass das Institut verstanden hat, wohin die Reise geht", sagt er. Ein bisschen hofft er noch immer, dass es in Wien auch irgendwann verstanden wird. „Das ist eine Millionenstadt, hier ist die Gerichtsmedizin entstanden. Und jetzt passiert hier gar nichts mehr."

VERSAGEN DER TOTENBESCHAU

„Ich bin Kain Mörder":
Der Fall Wolfgang K.

Wolfgang K. hat sich da in etwas hineingesteigert. Als „Offizieller Renoir Spezialist und Gutachter" bezeichnet er sich auf seiner Website, manchmal auch als „begnadet". Der französische Maler Pierre-Auguste Renoir lebte von 1841 bis 1919 und gilt als einer der bedeutendsten Vertreter des Impressionismus. Er hinterließ rund 6.000 Werke, und wer wissen möchte, ob ein zu ersteigerndes Gemälde ein echter Renoir ist, verlässt sich meist auf die Werkkataloge des Pariser Wildenstein-Instituts. K. allerdings zweifelt dessen Expertise grundsätzlich an: Es handle sich nur um „mutmaßliche Zuschreibungen", während er mit der „Akronym-Methode" eine zu hundert Prozent sichere Methode entwickelt habe, mit der er Renoirs Originalwerke von Fälschungen unterscheiden könne.

Überall glaubt er Kunstfälschungen zu sehen, „We are surrounded by fakes!", verkündet er auf Facebook. Er schreibt mehrfach an das New Yorker Auktionshaus Sotheby's, aber auch an das Federal Bureau of Investigation (FBI) und beklagt sich nach den Auktionen, dass ein gefälschtes Gemälde trotz seiner Warnungen versteigert wurde. Am 14. Mai 2018 soll gar die „teuerste Kunstfälschung aller Zeiten" bei Sotheby's in New York über die Bühne gegangen sein. Ein angeblicher Modigliani sei in Wirklichkeit – was sonst – ein Renoir.

Wolfgang K. inszeniert sich als Rebell der Kunstszene. Vielleicht lebt er aufgrund von psychischen Problemen in einer Scheinwelt und glaubt wirklich, was er da schreibt. Vielleicht hat er betrügerische Absichten. Er bietet selbst Gemälde von Renoir auf Facebook an. Etwa ein angebliches Selbstporträt von Renoir als Scheich, dessen Echtheit er freilich selbst zertifiziert, um 450.000 Euro. Offenbar ist er nicht erfolgreich.

Am 18. Dezember 2016 fährt er nach Voitsberg in der Steiermark, etwa zwanzig Autominuten von Graz entfernt, wo sein Vater lebt. Sie haben ein schwieriges Verhältnis, als er ankommt, findet er nicht einmal das Haus, in dem sein Vater lebt. Am 19. Dezember lässt er sich von der Gemeinde die Adresse geben und fährt zu seinem Vater. Wie der den Besuch des Sohnes aufnimmt, darüber gehen die Angaben auseinander. Manche sagen, er habe seinen Sohn vom ersten Moment an gefürchtet, andere erzählen, er sei zunächst aufgelebt.

Warum Wolfgang K. bei seinem Vater aufgetaucht ist, bleibt unklar. Er scheint vom Tod der Frau seines Vaters erfahren zu haben; entweder er wollte sich um ihn kümmern, oder er wollte sichergehen, dass sein Erbe nicht bedroht ist. Was Letzteres betrifft, ist bereits Gefahr in Verzug: Peter K. hat das Haus seiner Stiefenkelin geschenkt. Bevor Wolfgang K. in Erscheinung getreten ist, hat sich dessen ebenfalls in Deutschland lebende Stieftochter Astrid B. immer wieder um ihn gekümmert. Wolfgang K. greift sofort zu drastischen Mitteln: Er will die Sachwalterschaft für seinen Vater, weil er behauptet, dass der dement und nicht geschäftsfähig ist.

Es gelingt ihm, die Schenkung zu annullieren. Der Familie der Stieftochter verbietet er, das Grundstück seines Vaters zu betreten. Dafür zieht er permanent ein. Kleinere Verbindlichkeiten von rund 5.000 Euro habe er damals gehabt, aber nur vorübergehend, wird er später vor Gericht erzählen: Bevor er zu seinem Vater fährt, habe er potente Kunden aus der Kunstszene am Wiener Flughafen getroffen, die ihm die Prüfung einer bedeutenden Kunstsammlung durch seine „Akronym-Methode" in Aussicht gestellt haben – der Auftrag, sagt er, hätte ihm mehrere hunderttausend Euro eingebracht.

In der Zwischenzeit braucht er Geld, das Geld seines Vaters. Tatsächlich wird Peter K. besachwaltet, aber es ist nicht Wolfgang K., der zum Zug kommt. Er versucht, die Pension seines Vaters auf sein Konto überweisen zu lassen, auch daran scheitert er. 75.000 Euro will er vom Sachwalter seines Vaters, das Geld sei ihm als Vorschuss für seine Projekte versprochen worden. Das Projekt: Er habe das Grabtuch von Turin entschlüsselt. Die Projektkosten: 1,3 Millionen Euro. Der Wert des Projekts: eine Viertelmilliarde Euro. 16 Stunden habe er jeden Tag an seinen diversen Projekten gearbeitet, bevor er begonnen habe, sich um seinen Vater zu kümmern. Der Sachwalter hält ihn für einen religiösen Fanatiker; als er krank ist, schreibt ihm Wolfgang K., dass das die Strafe Gottes für sein Fehlverhalten sei. Angst habe er nicht gehabt vor ihm. „Er hat eher wie ein Schaumschläger gewirkt." Immer wieder bedroht Wolfgang K. den Sachwalter mit Klagen und Anzeigen, weil er ihm kein Geld gibt. Weil er nicht an die 75.000 Euro kommt, von denen er überzeugt ist, dass sie ihm zustehen, schreibt er an das Bezirksgericht Voitsberg: „Seine Tage sind gezählt, sein Amt erhält ein anderer." Gottes Worte, sagt er. Eine gefährliche Drohung und Nötigung, findet die Staatsanwaltschaft und zeigt ihn an.

Schon bald bekommen auch die Nachbarn mit, dass etwas nicht stimmt. Die Rollläden des Hauses sind fast immer heruntergelassen. Peter K. wird immer seltener gesehen, und wenn, dann nur in Begleitung seines Sohnes. Irgendwann installiert er Alarmanlagen – im Inneren des Hauses. Sie gehen los, wenn sich Peter K. dem Fenster nähert. Das Gartentor ist mit einer Eisenkette gesichert. Das Haus wirkt verwahrlost, immer wieder bitten Nachbarn Wolfgang K., doch endlich aufzuräumen.

Rund einen Monat vor seinem Tod entflieht Peter K., er geht zu seinen Nachbarn. „Er schlägt mich", sagt er. Überall habe er blaue Flecken gehabt, erzählt die Nachbarin. Nur wenige Minuten später ist auch Wolfgang K. da: „Papa, was erzählst du da für einen Blödsinn", sagt er und nimmt seinen Vater wieder mit. In einem erbärmlichen Zustand sei Peter K. da gewesen, gezittert habe er, sein Häferl habe er nicht mehr richtig halten können. Abgemagert bis auf die Knochen. Mit seiner Stieftochter hat er da längst keinen Kontakt mehr. Ihre Nummer hatte er in seinem Lieblingsbuch versteckt, aber Handy hatte er keins mehr. „Mein Sohn sperrt mich ein, er hat mir das Handy weggenommen. Helft mir ...", habe der 82-jährige Peter K. einmal aus dem Fenster gerufen. Die Nachbarn alarmieren die Polizei, aber die muss wieder abziehen. Peter K. wollte keine Anzeige gegen seinen Sohn erstatten, oder er hat sich nicht getraut. Etwa zwei Wochen vor dem Tod seines Vaters beschwert sich Peter K., dass sein Vater nun auch noch inkontinent sei und dass er damit nicht umgehen könne. „Das war sein Todesurteil", wird die Staatsanwältin später sagen.

Am 10. Juli 2018 ruft Wolfgang K. gegen 19 Uhr den diensthabenden Arzt Werner B. an: Sein Vater sei friedlich eingeschlafen. Der schlägt den Namen im PC seiner Ordination nach, um sich ein Bild über die mögliche Todesursache zu machen. Als er später von der Polizei einvernommen wird und vor Gericht als

Zeuge geladen wird, kann er sich nicht mehr an viel erinnern. Nur dass es ihm komisch vorgekommen sei, dass Wolfgang K. gefragt hat, wie lange er die Leiche in der Wohnung behalten kann, bis sie beginnt zu stinken. Dass die Wohnung ein Chaos gewesen sei. Und dass er es leider unterlassen hat, dem Verstorbenen in die Mundhöhle zu blicken. Dafür habe ihm Wolfgang K. einen Arztbrief in die Hand gedrückt, auf dem von Rippenbrüchen aufgrund eines Sturzes die Rede gewesen sei. Den beidseitig gebrochenen Halsknorpel und das gebrochene Zungenbein bemerkt er nicht. Er gibt die Leiche zur Bestattung frei. Telefonisch kontaktiert, gibt er nur an, dazu keine Stellung nehmen zu wollen, und informiert, dass er seinen Anwalt über dieses Telefonat in Kenntnis setzen werde. Vor Gericht sagt er aus, dass die für Erwürgen üblichen Einblutungen im Gesicht nicht zu sehen gewesen seien und dass die Leiche eine komische Farbe gehabt habe.

Erst am 19. Juli erfährt Astrid B. vom Tod ihres Stiefvaters. Sie fährt nach Salzburg zur Polizei, um ihren Verdacht zu äußern: „Jetzt hat er ihn umgebracht." Die Leiche von Peter K. liegt bereits im Krematorium, als sie von der Staatsanwaltschaft beschlagnahmt wird. Ein Tag später, und sie wäre zu Asche geworden, die wahre Todesursache wohl nie bekannt. Die Obduktion des Leichnams ergibt Serienrippenbrüche, einen beidseitig gebrochenen Halsknorpel und ein gebrochenes Zungenbein. Tod durch Ersticken. Peter K. ist keines natürlichen Todes gestorben. Schnell wird Wolfgang K. verhaftet: Er ist der Einzige, der Kontakt zu seinem Vater hatte.

Drei Monate später, als Wolfgang K. aufgrund seines Drohbriefs gegen den Sachwalter im Oktober wegen Nötigung zu einem Jahr bedingt verurteilt wird, trägt er ein selbstbemaltes T-Shirt mit der Aufschrift: „Ich bin Kain Mörder". Es dauert ein weiteres Jahr, bis er sich am 5. Oktober 2019 wegen Mordes verantworten muss, und auch sein Geisteszustand geklärt werden soll: Es wird eine Einweisung in eine Anstalt beantragt. Wolfgang K. betritt den Gerichtssaal ohne bemaltes T-Shirt, aber mit zwei blauen Ikea-Taschen, prall gefüllt mit Akten. Er weigert sich, zur Vereidigung der Geschworenen aufzustehen, weil Jesus gesagt habe, man solle nicht auf Gott schwören.

Der Prozess wird seine große Show: Seinen Pflichtverteidiger – es ist bereits der dritte – lehnt er ab, er verteidigt sich selbst. Den Richter lehnt er als befangen ab, die Anklage sei voller Verleumdungen, und überhaupt lehne er das Gericht komplett und kategorisch ab. Hochintellektuell sei er, und außerdem Experte auf fast allen Gebieten, weshalb er auch alle psychologischen Tricks der Staatsanwältin durchschaut habe, die er gerne abkanzelt. „Wenn Sie mehr naturwissenschaftlich begabt wären", erklärt er ihr, dann würde sie sehen, dass die Todesursache längst nicht geklärt sei.

Stundenlang referiert er über seine Streitereien mit dem Sachwalter und der Stieftochter, er verliert sich in Details, ist stets auf der Suche nach für die Sache irrelevanten Ungereimtheiten, von denen er offenbar glaubt, dass sie die Anklage zum Kollabieren bringen können. Immer wieder beklagt er sich beim Richter, wenn der seinen Redefluss stoppen will; dass es sein Recht sei, hier so auszusagen, wie er es für richtig empfinde. „Sie verkennen die Lage", warnen ihn Richter wie Verteidiger, aber Wolfgang K. bleibt uneinsichtig. Schon bei der Vernehmung hätte die Polizei damals „illegale polizeiliche Psychofolter" angewandt; die Befragung sei nicht legal, weil er sich weigerte, die Rechtsmittelbelehrung zu unterschreiben. Er hat Beweisanträge mitgebracht, auch einen Zeugen; und er versteht nicht, dass der Richter beides ablehnt.

Für alle Anschuldigungen hat er eine Erklärung, überhaupt: Er habe seinen Vater geliebt, sagt er. Die Jalousien seien immer unten gewesen, weil sein Vater beruflich mit Fotografie zu tun gehabt habe und die Dunkelheit mochte. Die Kette sei zur Eigentumssicherung gewesen, nicht um ihn einzusperren. Und die Alarmanlage beim Fenster weil sein Vater schwer suizidal gewesen sei und sich bereits einmal aus dem Fenster gestürzt habe – daher auch die Rippenbrüche. Immer wieder habe er sich aus dem fahrenden Auto stürzen wollen, unter Einsatz seines eigenen Lebens habe Wolfgang K. ihn davon abgehalten. Aber wenige Tage vor dem Tod seines Vaters googelt Wolfgang K.: „Todesfall melden" und einen Artikel zu einem deutschen Fall, in dem der Enkel seinen Großvater getötet und trotzdem das Erbe angetreten hat. Weil es ihn so schockiert habe, sagt er aus.

Der letzte Tag seines Vaters habe mit Mohnkuchen und Kakao begonnen, aber er habe nicht mehr viel gegessen. Gegen 14 Uhr habe der Vater laut zu atmen begonnen, Wolfgang K. wollte ihm Mineralwasser geben, „aber er hat keine Bereitschaft mehr gezeigt zu schlucken". Er sei nervös geworden, dann habe sein Vater aufgehört zu atmen. Wolfgang K. schluchzt, er atmet laut: „Papa, komm doch zu dir! Papa, so atme doch!" Doch sein Vater sei tot gewesen.

Es gibt kein Urteil, der Prozess wird vertagt. Klar ist nur: Der Arzt, der den gewaltsamen Tod übersehen hat, muss mit keinen rechtlichen Konsequenzen rechnen.

Es ist nicht das erste Mal, dass in Voitsberg ein Tötungsdelikt fast unentdeckt bleibt: Am 16. Oktober 1995 wird die 90-jährige Mathilde M. tot in ihrem Schlafzimmer in einem desolaten Haus am Ortsrand gefunden, der damalige Distriktsarzt attestiert Herzversagen. Der Bestatter sieht offenbar genauer hin, entdeckt Strangulierungsmale am Hals. Die Obduktion ergibt einen Tod durch Strangulieren. Zu neunzig Prozent Mord, zu zehn Prozent atypisches Erhängen, befinden die Ermittler – gegen die zweite These spricht, dass sowohl ein Tatwerkzeug als auch die Haustorschlüssel fehlen.

Zweiteren finden die Beamten beim 40-jährigen invaliden Rentner Werner L., den sie bereits am nächsten Tag ausgeforscht haben, weil er in der Nähe des Tatorts gesehen worden ist, weil er zusätzlich entmündigt und amtsbekannt ist. Er hat sich alkoholisiert ins Haus geschlichen, als Mathilde M. Holz holen ging, hat ihr aufgelauert, sie vergewaltigt und mit einer Schnur erdrosselt. Er lässt die Leiche auf dem Boden liegen und legt sich im Bett der Pensionistin schlafen. Erst am nächsten Tag verlässt er den Tatort – mit zwei Flaschen Wein und dem Schlüssel, der dann bei ihm gefunden wird. „Der Mann ist wegen seines Schwachsinns nicht in der Lage, Unrecht einzusehen", urteilt ein Psychiater beim Prozess. Der Mann, der nach eigenen Angaben weder lesen noch schreiben kann und nie eine Schule besucht hat, wird in eine Anstalt für geistig abnorme Rechtsbrecher eingewiesen.

Dem Tod begegnen:
Warum die Totenbeschau darniederliegt

83.975 Österreicher sind im Jahr 2018 verstorben. Die meisten von ihnen, rund 57.500 Personen, waren zum Zeitpunkt ihres Todes in einem Spital oder einem Pflegeheim. Sie waren in ärztlicher Behandlung, und es sollte in den meisten Fällen schnell klar sein, woran sie gestorben sind. Die restlichen 26.500 Österreicher starben zu Hause, in ihrem Auto, beim Sport oder beispielsweise in einem Stiegenhaus. In solchen Fällen kann die Suche nach

Sterbeorte 2018

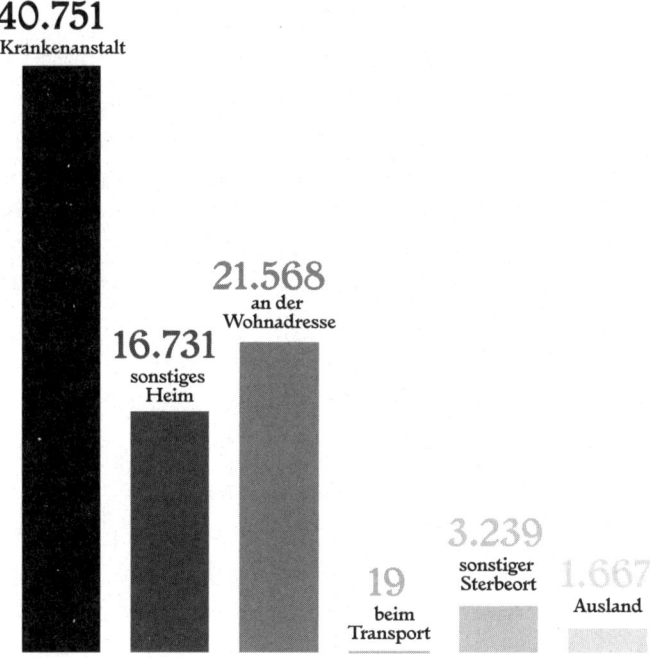

40.751
Krankenanstalt

21.568
an der
Wohnadresse

16.731
sonstiges
Heim

19
beim
Transport

3.239
sonstiger
Sterbeort

1.667
Ausland

der Todesursache schwierig werden: Warum liegt jemand am unteren Ende einer Treppe? Ist die Person gestürzt? Wurde sie gestoßen? Hatte sie einen Herzinfarkt?

Es ist die Aufgabe von Totenbeschauärzten, das festzustellen. Sie müssen sogar noch mehr tun: die Ursache dieses Todes herleiten. Auf einem Totenschein sollte eine Kausalkette stehen: jene Schritte, die vom Grundleiden zur unmittelbaren Todesursache geführt haben. Ein sehr österreichisches Beispiel für ein Grundleiden, das auf dem Totenschein angeführt ist: „alkohol. Leberzirrhose". Die Grundleiden werden von der Statistik Austria zur Todesursachenstatistik zusammengefasst. Sie soll Auskunft darüber geben, woran die Österreicher sterben. Es ist also fast schon eine detektivische Arbeit, die Totenbeschauer da zu leisten haben.

Sie scheitern sehr oft daran. Oft ist es den Medizinern gar nicht möglich, den Tod korrekt herzuleiten – teilweise auch aus formalen Gründen: „Der Sterbeprozess verläuft nicht immer streng linear", sagt der Gerichtsmediziner Martin Grassberger. „Oft spielen viele Faktoren zusammen. Selbst wenn es der Arzt wollte, das lässt sich auf dem Formular des Totenscheins nicht immer korrekt abbilden." Dort muss alles linear herzuleiten sein. Sein Kollege Richard Dirnhofer formuliert es poetischer: „Der Tod, dem du begegnest, der marschiert zu dir heran. Der zupft dich, wie es im Wienerlied heißt. Und dann geht er irgendwo hinein. Über die Leber, die Niere, eine Lungenentzündung, ein Herzversagen." Aber am Ende stehe immer ein ganz konkretes Versagen, das mit einer äußeren Beschau kaum festzustellen ist. Ein Kopfschuss sei etwa keine Todesursache, sagt Dirnhofer: „Ich kann sterben, weil ich das Blut einatme, weil die Hirnschwellung so stark ist, weil wichtiges Zellgewebe zerstört ist."

Für eine Studie des Instituts für Rechtsmedizin im deutschen Rostock (wiederum: eine vergleichbare Erhebung für Österreich existiert nicht) wurden 10.000 Totenscheine überprüft, von denen lediglich 223 korrekt ausgefüllt waren. Ein großer Teil davon waren kleinere Formalfehler, aber insgesamt wurden auf den 10.000 Totenscheinen 38.852 Fehler gefunden; fast vier pro Totenschein. Formalfehler sind noch kein systemisches Problem, aber 3.116 Fehler wurden als schwer eingestuft, mehr als ein Viertel aller Totenscheine (27 Prozent) war schwer fehlerhaft. Wurde nach der Totenbeschau eine Obduktion vorgenommen, änderte sich die Todesursache in der Hälfte der Fälle.

„Das kann ich aus der Praxis bestätigen", erzählt die Gerichtsmedizinerin Andrea Berzlanovich. „Vor allem wenn Kopf und Körperoberfläche intakt sind, ist es schwierig, die korrekte Todesursache festzustellen. Wenn man es streng nimmt, müsste man da immer eine Obduktion beantragen." Was auf dem Totenschein steht und was Berzlanovich bei einer Obduktion ermittelt, „war noch selten ident". Da gehe es nicht nur um möglicherweise übersehene Tötungsdelikte, „auch viele Suizide oder irrtümliche Überdosierungen von Medikamenten werden übersehen", sagt sie.

Auch bei der Rostocker Studie entdeckten die Forscher 44 Fälle, bei denen ein nichtnatürlicher Tod bei der ersten Totenbeschau übersehen wurde. In Deutschland muss, wenn ein Verstorbener kremiert wird, eine zweite Leichenbeschau vorgenommen werden – dadurch ist eine weitere Ebene der Kontrolle bei diesen Toten möglich. Nicht dass sie perfekt wäre: „Sie funktioniert nicht so, wie sie funktionieren müsste", sagt Gerichtsmediziner Bernd Brinkmann. „Die Leiche wird viel zu wenig gründlich begutachtet, der Leichenbeschauer müsste auch Zugang zur Krankengeschichte haben." Aber immerhin: Es gibt sie. In Österreich hingegen überprüft nach der ersten Totenbeschau niemand mehr, ob der erste Totenbeschauarzt etwas übersehen hat, bevor eine Person auf ein Häufchen Asche reduziert wird.

Dass dieses System der Totenbeschau im Argen liegt, sagen auch jene, die mit dieser Aufgabe betraut sind. Wie so vieles in Österreich ist es auf Länderebene geregelt: Wien galt lange Zeit als vorbildlich, bis die sanitätspolizeilichen Obduktionen massiv verringert wurden. Weiterhin ist es weitaus besser als in den Bundesländern: 24 Ärzte stehen dem Gesundheitsdienst der Stadt Wien (Magistratsabteilung 15) zur Verfügung, dazu kommen 54 Pathologen in den Spitälern der Stadt Wien – Zweitere stellen die Todesursache bei im Spital Verstorbenen fest und führen die sanitätspolizeilichen Obduktionen durch. Die Totenbeschauärzte der Stadt Wien werden in Theorie und Praxis der Totenbeschau eingeschult.

In vielen Bundesländern waren ihr Pendant die Distriktsärzte, sie waren beim jeweiligen Bundesland als Beamte angestellt. Gerhard Zeck im steirischen Rosental an der Kainach war bis zu seiner Pensionierung im September 2019 Distriktsarzt; einer der „letzten Dinosaurier", wie er selbst sagt – ein echtes Auslaufmodell. Im Rahmen seiner Ausbildung zum Amtsarzt wurde er mit pharmakologischen, sogar veterinärmedizinischen und eben auch gerichtsmedizinischen Grundkenntnissen ausgestattet. Die Steiermark war das letzte Bundesland, das die Distriktsärzte „beseitigt" hat, wie es die steirische Landesregierung selbst formulierte – offiziell aus Geldgründen. „Ich war selbst über das Wort ‚beseitigen' verwundert", sagt Gerhard Zeck. Ihm habe der nunmehrige steirische Landeshauptmann Hermann

Schützenhöfer einen anderen Grund dafür genannt, dass er die Distriktärzte loswerden wollte: „Der damals zuständige Landespolitiker hat mir in einem persönlichen Gespräch erklärt, dass, als seine Mutter starb, er den zuständigen Distriktsarzt nicht erreichen konnte und daher beschlossen hat, diesen Stand abzuschaffen."

Jene Ärzte, die nunmehr die Totenbeschau vornehmen, brauchen gar keine Ausbildung mehr. Seit April ist in der Steiermark ein Bereitschaftsmodell in Kraft, nach dem alle Ärzte, die Bereitschaftsdienst haben, auch die Totenbeschau übernehmen sollen – was diese nicht als rechtlich gedeckt sehen. Weil es für den Arzt rechtliche Folgen haben könnte, wenn er ein Tötungsdelikt übersieht, und weil es während eines Bereitschaftsdienstes keine Möglichkeit gebe, eine ordentliche Totenbeschau vorzunehmen – für die die Ärzte eben auch gar nicht ausgebildet seien. Und es gebe ein zusätzliches Problem, erzählt ein steirischer Arzt: „Ich mache die Totenbeschau bei meinen Patienten jetzt meistens selbst. Und ich würde mich natürlich hüten hinzuschreiben, wenn jemand aufgrund eines Behandlungsfehlers sterben würde."

Die Totenbeschau ist ein heikler Akt. „Das beginnt schon bei der Alarmierung, wo ich mir vom Anrufer Details schildern lasse", erzählt Zeck. Am Fundort angekommen, muss der Arzt die Krankengeschichte erheben, die anwesenden Personen befragen, sich einen Reim auf die Gesamtsituation machen.

Zeck erzählt von einer Alarmierung, die ihn an einen Bauernhof führte, der Sohn hatte seinen Vater tot im Wald gefunden. Als er ihn zur Krankengeschichte seines Vaters befragt, erzählt der von einer alten Kettensägeverletzung am Hals, die eine Narbe hinterlassen habe. Die Verletzung hat es nie gegeben, stattdessen sieht Zeck eine Schnürfurche am Hals – der Mann hat sich offensichtlich erhängt. „Ich habe den Sohn einfach so lange angeschaut, bis er in die Tasche gegriffen und den Strick herausgeholt hat. Ich weiß den Grund bis heute nicht, aber manchmal zahlt die Lebensversicherung nicht, wenn der Patient sich umgebracht hat. Es kann auch eine Frage der Ehre sein", sagt Zeck. Es sind nicht unbedingt nur Tötungsdelikte, die Angehörige verschleiern wollen.

Die Totenbeschau selbst sollte an der unbekleideten Leiche vorgenommen werden, die Inspektion aller Körperöffnungen beinhalten und bei möglichst optimaler Beleuchtung passieren. Aber genau dieser Punkt wird oft unterlassen. Weil es vielen Ärzten unangenehm ist, die Verwandten aus dem Raum zu schicken, um die frisch verstorbene Oma noch einmal zu entkleiden und zu untersuchen. Zwischen Theorie und Praxis liegen Welten. Und es sind auch Fälle bekannt, bei denen ein Arzt gar nicht erst zum Sterbeort fährt, bevor er einen Totenschein ausstellt.

Maria Korak-Leiter, Kurienobmann-Stellvertreterin der Kärntner Ärztekammer, glaubt trotzdem nicht, dass die Totenbeschauärzte bei ihrer Diagnose oft danebenliegen: In neun von zehn Fällen sei die Todesursache offensichtlich, „es sind meistens Krebspatienten oder Patienten mit bekannten Herzproblemen". Sie sagt jedoch nicht, dass alles in Ordnung sei, ganz im Gegenteil. Dass es eine Dunkelziffer nicht erkannter Tötungsdelikte gibt, glaubt sie auch: „Einen Minieinstich einer Insulinspritze kann ich nicht feststellen, ich bin kein Gerichtsmediziner." Speziell ausgebildet für ihre Tätigkeit werden auch die Kärntner Totenbeschauärzte nicht.

Konsequenzen hat eine falsche Totenbeschau für einen Arzt meistens nicht – abgesehen davon, dass sie in den allermeisten Fällen nie bekannt wird. Dabei kann es sogar Konsequenzen für Angehörige und Mitbewohner haben, wenn die wahre Todesursache nicht erkannt wird. Zuletzt wurde ein solcher Fall 2010 vor Gericht verhandelt. In einer WG in Wien steigt eine 20-jährige Studentin gegen 19.45 Uhr in die Dusche, eine Viertelstunde später wird sie von ihrem Freund bewusstlos gefunden, Kopf unter Wasser. Rettung und Polizei treffen wenig später ein. Die Reanimierungsversuche werden um 20.55 Uhr erfolglos eingestellt. Die Leiche wird polizeilich kommissioniert, die Amtsärztin der Polizei vermutet Herz-Kreislauf-Versagen. Gegen 23.30 Uhr trifft die Totenbeschauärztin der Stadt Wien ein, sie kann keine Todesursache feststellen, schreibt „unbekannt" auf den Totenschein und lässt eine sanitätspolizeiliche Obduktion anordnen.

Die Leiche der Studentin wird auf eine Pathologie überstellt, aber: Es ist Wochenende. Erst am Montag wird die Leiche von einem Pathologen begutachtet, er bemerkt hellrote Totenflecken; ein Anzeichen für eine Kohlenmonoxid-Vergiftung. Die Leiche wird an die Gerichtsmedizin überstellt. Es dauert weitere drei Tage, bis das Obduktionsergebnis den Verdacht bestätigt. Fünf Tage, in denen eine defekte Therme im Badezimmer nicht abgeschaltet wurde. „Wir hätten alle sterben können", sagt die Mutter des Freundes der Verstorbenen vor Gericht. Die beiden Ärztinnen, die die Leiche in der Wohnung gesehen haben, wurden wegen „Gefährdung der körperlichen Sicherheit" angeklagt. Sie sollen nicht nur die Totenflecken übersehen, sondern auch ignoriert haben, dass die Mitbewohner der Studentin über Übelkeit geklagt und das Fenster geöffnet haben.

Sie habe noch nie eine Kohlenmonoxid-Vergiftung gesehen, erklärt die erste Ärztin; dass sie nur hellblaue Totenflecken gesehen habe, die zweite. Einem gerichtsmedizinischen Gutachten zufolge treten die typischen hellroten Totenflecken nicht bei jeder Kohlenmonoxid-Vergiftung auf, zudem könne die subjektive Farbwahrnehmung aufgrund der Lichtverhältnisse variieren. Die Ärztinnen werden freigesprochen.

Gerichtsmediziner und Kriminologen sehen – wie auch schon Bernd Brinkmann in seiner Studie – bei der Totenbeschau das größte Versagen im System: Hat ein Totenbeschauarzt den Verdacht, dass Fremdverschulden vorliegt, muss er die Beschau abbrechen und die Polizei informieren, die die Leiche in der Folge kommissioniert. Glaubt auch die Polizei an Fremdverschulden, wird die Leiche gerichtsmedizinisch obduziert. Sieht der Totenbeschauarzt das sprichwörtliche Messer nicht, das im Rücken steckt, erkennt er also ein Tötungsdelikt nicht, gibt es niemanden mehr, der diesen Fehler korrigieren könnte. Er ist die letzte Instanz: Die Polizei erfährt von diesem Todesfall genauso wenig wie die Gerichtsmedizin. Der Mörder kommt davon, weil er gar nicht gesucht wird. Das Opfer schweigt, tief unter der Erde.

„Unser Problem ist, dass wir uns auf die Ärzte verlassen müssen", sagt Cornelia Koller, Präsidentin der Vereinigung Österreichischer Staatsanwältinnen und Staatsanwälte. „Die erste Beschau muss funktionieren." Schulungen für Exekutive und Totenbeschauärzte wären „dringend erforderlich" und müssten „unbedingt forciert" werden, sagt sie. „Wir sind weit weg von einer zufriedenstellenden Lösung." Vor Ort sind die Staatsanwälte fast nie, und es komme Koller zufolge durchaus vor, dass eine Obduktion nur deshalb angeordnet werde, weil den Staatsanwälten das, was ihnen vom Tatort berichtet wird, fragwürdig vorkomme – obwohl Ärzte und Polizei selbst keinen Verdacht hatten.

Trotzdem zeigt Kriminologin Katharina Beclin vom Institut für Strafrecht und Kriminologie an der Universität Wien Verständnis für die Totenbeschauärzte: „Die denken sich auch: Dafür habe ich nicht Medizin studiert, das ist ja auch extrem belastend", sagt sie. Und: Die Entlohnung für die Totenbeschau sei „ein Witz". Auch Staatsanwältin Kollers Kritik richtet sich gegen das System: „Wenn uns als Gesellschaft die Totenbeschau nichts wert ist, werden wir auch keine gute Arbeit bekommen." Und wert ist sie uns definitiv nicht viel.

Die Totenbeschau ist in jedem Bundesland unterschiedlich geregelt, in Kärnten ist der Konflikt um die Entlohnung bereits eskaliert. Am Sonntag, den 3. Februar 2019, kommt es zu einem De-facto-Streik von Ärzten: Ein Mann in Poggersdorf nahe Klagenfurt stirbt, aber erst nach mehreren Stunden erklärt sich der vierzehnte von der Gemeinde kontaktierte Arzt bereit, die Totenbeschau durchzuführen. 53,20 Euro erhält ein Arzt in Kärnten damals wochentags, 74,30 Euro am Wochenende für eine Totenbeschau. Mit der Totenbeschau selbst sei ein Arzt mindestens eine Stunde beschäftigt, sagt Kurienobmann-Stellvertreterin Maria Korak-Leiter.

Der Protest wirkt, seit 1. Juni 2019 erhalten die Kärntner Ärzte 180 Euro unter der Woche und 230 Euro am Wochenende für eine Totenbeschau. Eine weitere Änderung gibt es auch, und die ist problematisch: Notärzte dürfen nun eine Art vorläufige Totenbeschau vornehmen, nach der die Leiche abtransportiert werden darf. Der Totenbeschauarzt sieht die Leiche dann erst Stunden später und nicht am Sterbeort: „Da bin ich nicht vor

Ort, da kenne ich die Umstände des Todes nicht, da kann ich nicht mehr mit den Angehörigen sprechen", sagt Korak-Leiter. „Das finde ich höchst problematisch." Landeshauptmann-Stellvertreterin Beate Prettner rechtfertigt die Entscheidung: „Bisher durfte eine Leiche bis zur Totenbeschau nicht verändert werden", wird sie in der *Kleinen Zeitung* zitiert. „Das führte mitunter zu pietätlosen Zuständen – so lag einmal eine Leiche stundenlang auf dem Hauptplatz St. Andrä." Die Steiermark geht noch einen Schritt weiter: Weil auch dort die Totenbeschauärzte fehlen, darf künftig jeder Arzt einen Abtransport der Leiche anordnen – Notärzte dürfen das dort bereits jetzt. Beschaut wird eine am Wochenende verstorbene Person dann vielleicht erst am Montag darauf.

Auf der Website der niederösterreichischen Ärztekammer ist zu lesen: „Der Tod ist nicht das Ende, sondern der Anfang – von bürokratischen Unklarheiten." 65,50 Euro erhält ein niederösterreichischer Arzt für eine Totenbeschau. Sollte ein Verdacht auf Fremdverschulden vorliegen, kann der Arzt auch freiwillig für eine kriminalpolizeiliche Besichtigung der Leiche oder sogar eine Obduktion herangezogen werden – die darf in Niederösterreich theoretisch auch ein Allgemeinmediziner durchführen. Die niederösterreichische Ärztekammer informiert in ihrer Broschüre zur Totenbeschau: „Wenn man die Verantwortung mit den Honoraren vergleicht, dann kann man nur sagen: Hände weg." Ein Blick auf die Honorare lässt diese Aussage verständlicher werden: „Es möge jeder für sich entscheiden, ob er um 93,50 € eine Obduktion oder um 14,30 € eine kriminalpolizeiliche Totenbeschau inclusive Befund durchführt."

Wenn der Arzt Max Wudy, Autor der Broschüre, über das niederösterreichische Bestattungsgesetz spricht, fallen Worte wie

„komisch" und „skurril", er beklagt sich über „Gummiparagraphen". Etwa jenen, der es Ärzten erlaubt, eine Leiche abtransportieren zu lassen, wenn zwar der Tod festgestellt wurde, die Todesursache aber noch nicht geklärt ist. In Niederösterreich ist das bei „öffentlichem Interesse" oder „Gefahr in Verzug" möglich, beides sind reichlich unkonkrete Formulierungen, die laut Wudy „sehr liberal" gehandhabt werden: „Wenn es 36 Grad hat, ist es auf jeden Fall im öffentlichen Interesse, eine Leiche nicht herumliegen zu lassen."

Niederösterreich ist bundesweit das Schlusslicht, was sanitätspolizeiliche Obduktionen zur Klärung der Todesursache angeht. Sie wurden 2018 nur bei 0,2 Prozent der Verstorbenen angeordnet (die höchste Quote hatte Salzburg mit 3,2 Prozent).

Das muss nicht daran liegen, dass die Ärzte dort weniger Obduktionen beantragen. Während in Kärnten der Totenbeschauarzt eine Obduktion anordnen kann, muss er in Niederösterreich darum bitten: Über sanitätsbehördliche Obduktionen

Sanitätsbehördliche Obduktionen

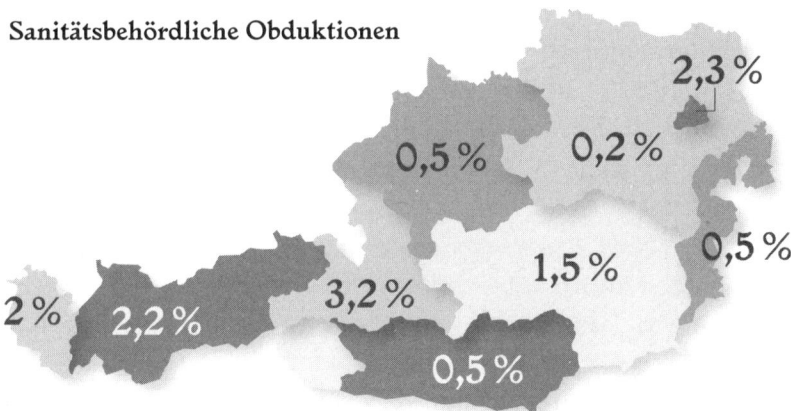

entscheidet nicht der Arzt, sondern die Gemeinde – die sie auch zahlen muss. „Ich kann nur gut zureden", sagt Max Wudy. Selbiges gilt für gerichtsmedizinische Obduktionen, die von der Staatsanwaltschaft angeordnet werden.

Wudy erzählt von einem Fall, wo er die Todesursache eines jungen Mannes nicht feststellen konnte und eine Obduktion beantragte. Die Staatsanwaltschaft lehnte ab. Als Wudy hörte, dass ein Kollege im Nachbarort zum Tod einer ebenfalls jungen Frau gerufen wurde, tauschten sie sich aus, gemeinsam überredeten sie die Staatsanwaltschaft, doch obduzieren zu lassen. Das Ergebnis: Beide Verstorbene waren am Vorabend auf derselben Party gewesen und an einer Überdosis gestorben.

Ordnet ein Kärntner Totenbeschauarzt eine sanitätspolizeiliche Obduktion an, weil er Zweifel an der Todesursache hat, muss diese durchgeführt werden. Allerdings wird den Ärzten offenbar oftmals klargemacht, dass dieses Vorgehen kein erwünschtes Verhalten ist. Wenn er eine Obduktion anordnet, erzählt ein Arzt, der nicht namentlich genannt werden will, „sind alle erst einmal entsetzt. Das ist dann relativ mühsam. Die Behörde ist aufgeschreckt, die Bestattung kann die Leiche nicht gleich mitnehmen."

Während sich Staatsanwältin Koller über die Qualität der Totenbeschauen beklagt, haben die Ärzte das Gefühl, sie müssten die Staatsanwälte und Gemeinden mühselig überzeugen, obduzieren zu lassen: „Ich muss es wirklich gut begründen können", sagt Max Wudy. Er muss einen konkreten Verdacht auf Fremdverschulden haben – dass er es nicht ausschließen kann, reicht nicht. Ein Tod durch „Ereignisse, deren Umstände unbestimmt sind", wird meistens dann als solcher klassifiziert, wenn ein Totenbeschauarzt eine Obduktion anordnen will, diese aber nicht genehmigt wird – und sich der Arzt in der Folge weigert, eine andere Todesursache als „unbekannt" anzugeben.

In den meisten Fällen wird aber nicht so genau hingeschaut. „Besonders jene Gruppen sind gefährdet, bei denen man mit einem baldigen Ableben rechnet. Also Personen, die schwerkrank sind, Personen, die schon mehrere Herzinfarkte hatten", sagt Kriminologin Katharina Beclin. Und auch bei einer zweiten Gruppe von Toten hat sie Bedenken, dass Tötungsdelikte übersehen werden: „Auch vermeintliche Selbstmorde stellen ein Risiko dar. Ich wäre jedenfalls dafür, alle Selbstmordfälle auch zu obduzieren", sagt sie. Der Rektor der Medizinischen Universität Wien, Markus Müller, schlägt in dieselbe Kerbe: „Ich habe als Arzt hunderte Totenbeschauen durchgeführt", sagt er. „Wenn ich zu einem Suizid komme und als Arzt nur einen minimalen Zweifel habe – und den habe ich fast immer –, muss ich obduzieren lassen. Es ist verrückt und fahrlässig, das nicht zu tun." Die Realität könnte kaum weiter weg sein: Im Jahr 2018 wurden von 1.209 in der Statistik erfassten Suiziden gerade einmal 193 obduziert.

Der pensionierte Gerichtsmediziner Richard Dirnhofer, der die rechtsmedizinischen Institute in Basel und Bern leitete, würde überhaupt gleich das ganze System der Totenbeschau ändern – nach Schweizer Vorbild. Dort gibt es eine Kategorie, die im österreichischen System nicht bekannt ist: den außergewöhnlichen Todesfall. Als außergewöhnlich gilt ein Todesfall etwa, wenn er plötzlich und unerwartet auftritt. „Es ist wichtig, diese Kategorie zu betonen", sagt Dirnhofer, „wegen der Vergiftungen." Ein Vergiftungstod – ob Mord oder Unfall – könne keinerlei Anzeichen für einen nichtnatürlichen Tod aufweisen; außer eben, dass der Tod plötzlich und unerwartet auftritt.

Der zweite Punkt ist eine verdächtige Umgebung. Dirnhofer erzählt gerne die Geschichte, als er zu einem Todesfall gekommen ist, bei dem die Leiche einer Frau unter dem Bett gefunden wird und alle Schubladen im Schlafzimmer geöffnet sind – der Verdacht auf einen Raubmord liegt nahe. Die Obduktion aber ergibt: Die Frau hatte eine Hirnblutung und hat sich deshalb vor ihrem Tod seltsam verhalten. Sehr häufig seien auch Herzinfarkte, bei denen die Toten mit dem Kopf gegen Kanten fallen. Seinen Studenten erklärt Dirnhofer dann immer: Wenn es eine große Blutlache ist, müsst ihr vorsichtig sein. Dann hat das Herz noch geschlagen, als die Wunde entstand; und es war vielleicht ein gewaltsamer Tod. Ein offensichtlich gewaltsamer Tod ist in jedem Fall ein außergewöhnlicher.

Rund zehn Prozent der Todesfälle in der Schweiz werden als außergewöhnlich klassifiziert. Auf einen solchen folgt eine sogenannte Legalinspektion, die abklären soll, ob der Todesfall nicht nur außergewöhnlich, sondern auch verdächtig ist. Außergewöhnliche Todesfälle sind solche mit möglicher rechtlicher Konsequenz – und wenn es nur ein Versicherungsfall nach einem Unfall ist.

Oft sind auch diese nur zu lösen, wenn eine Obduktion vorgenommen wird. Einer seiner ersten Fälle, erzählt Dirnhofer, war jener eines Mopedfahrers, der von einem Lkw überholt wurde, dabei zu Sturz und unter die Räder des Lastwagens kam. Dirnhofer wurde misstrauisch, weil lediglich die Beine überrollt worden waren und er nicht verstand, wieso der Mann zu Tode gekommen war. Die Obduktion ergab, dass die verkalkte Körperhauptschlagader während der Fahrt geplatzt war und der Fahrer nur zufällig gerade in dem Moment, als er vom Moped fiel, überholt wurde.

„Damit wir sie nicht wieder ausgraben müssen":
Der Fall Sandra Reiter

Jedes Jahr zu Silvester hat sie nur einen Wunsch an das Schicksal: Nimm mir nicht noch jemanden. Das würde Hilde Reiter nicht ertragen, nach allem, was sie mitmachen musste. Sie hinkt, bräuchte eine Operation, aber sie traut sich nicht. Und außerdem: Wer würde sich dann um alles kümmern? „Ich bin gut darin, für andere da zu sein, aber weniger gut darin, für mich selbst da zu sein", sagt sie. Vier Generationen leben auf ihrem Bauernhof in Sarleinsbach unter einem Dach: Hilde Reiter nebst ihrer Mutter, ihrer Tochter, ihrem Sohn und ihrer Enkelin. Und trotzdem: Es fehlt jemand. Sandra fehlt. „Die erste Zeit habe ich alles nur durch einen Schleier gesehen. Mittlerweile sind die Farben zurück."

Sarleinsbach liegt irgendwo im Nirgendwo des oberösterreichischen Mühlviertels, gleich neben einem Ort namens Hühnergeschrei, außer Feldern und Bauernhöfen gibt es hier nicht viel. Die Landschaft ist wunderschön, aber es kann auch deprimierend sein. Suizide sind in der Gegend keine Seltenheit. Hilde Reiter erzählt die Geschichte zweier junger Mädchen, die sich erst vor kurzem gegenseitig ertränken wollten; sie weiß nicht, wie es ausgegangen ist. Aber Hilde Reiter war glücklich hier, sie liebt die Ruhe, von der Stadt will sie nichts wissen. Sie füttert ihre Hühner, die allesamt eines natürlichen Todes sterben dürfen, sie erntet Birnen, Äpfel und Zwetschken; ihre Felder hat sie mittlerweile verpachtet.

Mindestens einmal in der Woche geht sie mit ihrer achtjährigen Enkelin Tina in den Garten, um ein paar Sonnenblumen abzuschneiden und zu einem Strauß zu binden. Sie legt ihn auf das Grab ihrer Tochter Sandra. Nachdem Sandra gestorben ist, haben sie all ihren Freunden Sonnenblumensamen gegeben: Sie sollen sie möglichst weit verstreuen, damit Sandra überall dort weiterleben kann, wo sie wachsen. Ein kerzengerader Mensch war sie, erzählt ihre Mutter: „Wenn sie gelacht hat, hat sie gelacht, wenn sie geweint hat, hat sie geweint. Bei ihr hat man immer gewusst, woran man ist." Sie habe auf sich selbst geschaut, im Fitnessstudio war sie regelmäßig. Ihre Wohnung in Auberg, ein paar Kilometer von Sarleinsbach entfernt, sei immer blitzblank gewesen, einen regelrechten Putzfimmel habe ihre Tochter gehabt.

Am 23. Oktober 2012 wird sie in ihrer Wohnung tot aufgefunden, das Kabel ihres Glätteisens um den Hals, es ist an der Klinke der Badezimmertür befestigt. Die Totenbeschauärztin diagnostiziert einen Suizid durch Erhängen, Sandra wird in die Leichenhalle überstellt. Am späteren Nachmittag schaut Hilde Reiter aus dem Fenster, sie sieht einen Polizisten vorfahren, den sie kennt. „Ich hab' noch gegrinst, als ich rausgegangen bin", erzählt sie. „Mutter Reiter, die Sandra hat sich das Leben genommen", sagt der Polizist. Danach kann sie sich an nichts mehr erinnern. Einen Schrei hat sie ausgestoßen, das hat ihr ihre Tochter Sonja später erzählt. Das Erste, an das sie sich wieder erinnern kann, ist ein Satz, den sie gesagt hat: „Das war nicht die Sandra, das war der Joesi."

Sie fahren zur Polizei, bekommen die Schlüssel zur Wohnung, fahren weiter zur Leichenhalle, wo sie Abschied nehmen können. „Als ich zu Sandra in die Leichenhalle gegangen bin, habe ich gesagt: Sandra, heute schaust du nicht schön aus." Wie ein Film sei der Tag gewesen, sie habe sich einfach nicht gespürt. „Man muss irgendwie umgehen damit. Man hat ja noch mehr

Kinder, man will nicht zusammenbrechen. Ich seh' heute noch meinen Sohn in der Tür stehen. Der war damals zwölf, den haben wir nicht reingelassen." In der Wohnung sieht Hilde Reiter zuerst das Kabel, an dem sich ihre Tochter erhängt haben soll. Sie denkt sich: Selbstmord? Das gibt's nicht. „Weil es nicht zur Sandra gepasst hat. Sie hätte irgendwen angerufen oder mich oder ihre Schwestern. Sie hätte Hilfe gesucht. Aber man zweifelt ja trotzdem, vielleicht ist ja was passiert in der Arbeit."

An Schlaf ist in der Nacht nicht zu denken, am nächsten Tag fahren sie zurück in die Wohnung, um Sandras Kleidung für das Begräbnis auszusuchen. Es klopft an die Tür, sehr zaghaft. Sandras Nachbarin will loswerden, was sie schon der Polizei gesagt hat, was die Polizisten nicht hören wollten, was sie ignoriert haben: dass sie Lärm gehört hat in der Nacht, einen Schrei auch. Bei Hilde Reiter macht es klick: Ihr Bauchgefühl hat sie nicht getäuscht. Sie hat die Nummer einer Polizeidienststelle im Handy gespeichert, aber in der Wohnung ist der Empfang schlecht. Vom Festnetz der Nachbarin ruft sie bei der Polizei an. „Ich hab' hineingeschrien, was eigentlich los ist. Es war eine andere Dienststelle, die konnten eigentlich nix dafür, aber ich hab' mir nicht mehr helfen können." Sie schicken zwei Kollegen der richtigen Dienststelle, sehr erfreut sind die nicht darüber. „Was machts ihr euch überhaupt vor?", fragt einer der Polizisten. Wenig später sagt er: „Müssen wir halt was tun, nicht dass es in zwei, drei Monaten heißt, wir müssen sie wieder ausgraben."

Sandra wird obduziert, der Gerichtsmediziner stellt fest, dass ihre Verletzungen nicht mit suizidalen Handlungen in Einklang zu bringen sind. Sandra ist durch sogenanntes Burking ums Leben gekommen: Es ist jemand auf ihrem Oberkörper gesessen, gleichzeitig wurden ihre Atemwege blockiert. Es ist eine der wenigen Tötungsarten, die nach einer Person benannt sind. William Burke war ein britischer Serienmörder im 19. Jahrhundert, der mindestens 16 Menschen tötete, um ihre Leichen an das anatomische Institut der Universität Edinburgh zu verkaufen. Es ist ein besonders spurenarmer Tod, das war für Burke wichtig, der gut erhaltene Leichen verkaufen wollte; und es ist natürlich auch für all jene praktisch, die Tötungsdelikte verschleiern wollen.

Aber im Knoten des Kabels waren außerdem Sandras Haare eingeklemmt, das muss extrem schmerzhaft gewesen sein, das hätte sie nicht getan, hätte sie sich selbst getötet. In der Wohnung werden DNA-Spuren gesichert, Hilde Reiter macht sich Vorwürfe, dort Dinge angegriffen zu haben, bevor die Spurensicherung da war. Aber die immer noch vorhandenen Spuren reichen aus. Anfang November erreicht Hilde Reiter ein Anruf der Polizei: „Setz dich." Und: „Wir haben ihn."

Sie hatte von Beginn an recht. Es war Josef G., genannt Joesi, Sandras Ex-Freund, der erst vor kurzem wieder in ihrem Leben aufgetaucht ist. Er hat sich verändert, erzählt Sandra ihrer Mutter etwa einen Monat vor ihrem Tod. Er sei nicht mehr nur schwarz gekleidet, er wolle nur reden und sich wieder vertragen. „Ich hab' mich geschreckt, dass das wieder von vorne losgeht", sagt Hilde Reiter. Es sei nicht alles schlecht gewesen, damals als Sandra und Joesi noch zusammen waren. Im Haushalt zum Beispiel habe er immer mitgeholfen. Die Probleme haben begonnen, wenn Sandra nicht zu Hause war: „Sie war nicht der freie Mensch, der sie sein sollte", sagt Hilde Reiter. Wenn sie im Fitnessstudio war, wenn sie sich beim Einkaufen verplaudert hat, sogar wenn sie ihre Familie besucht hat: Immer wollte er wissen, wo sie war, warum es so lange gedauert hat. „Immer musste sie sich Sorgen machen: Was ist los, wenn ich nach Hause komme?", sagt Hilde Reiter. Sie hat ihm erlaubt, sich hinter ihrem Haus eine Werkstatt einzurichten, um dort ein Auto zu reparieren – „hat er eh nicht gemacht" –, damit sie ihn und vor allem ihre Tochter öfter sieht.

Ein eigener Typ sei er damals gewesen, immer nur schwarz gekleidet. „Einer seiner Brüder hat sich umgebracht, deshalb zieht er keine Farben mehr an, hat er uns erklärt." Als die Beziehung gescheitert ist, erzählt Hilde Reiter, „haben wir uns mehr Sorgen um den Joesi als um die Sandra gemacht. Er war sogar einmal hier, es hat ihn gerissen, er war wie ein nasser Fetzen." Er beginnt, Sandra zu stalken, ruft sie ständig an, bis sie die Nummer wechselt. Über Jahre haben sie keinen Kontakt, bis er wieder in ihr Leben tritt und verändert scheint.

Was an ihrem letzten Abend passiert ist, wird vielleicht nie gänzlich geklärt werden, Josef G. legt kein Geständnis ab. Sandra R. arbeitet als Gummiererin; sie hat Nachmittagsschicht und kommt gegen 23 Uhr nach Hause. Josef G. hat ihr per SMS mitgeteilt, dass er ihr persönlich etwas Wichtiges sagen wolle, sie hat ihn wohl in ihre Wohnung gelassen. „Ich hätte ihm das nicht zugetraut", sagt Hilde Reiter. „Man hat zwar gespürt, dass er anders ist, aber sowas kann man sich nicht vorstellen. Ein Mord, das liest man in der Zeitung, das kann einen nicht selbst betreffen."

Der Ärztin, die den Tod als Suizid klassifiziert, macht sie keine Vorwürfe. „Ich habe gehört, dass das eine junge Ärztin war, die keine Erfahrung hatte. Der Anblick war nicht schön. Vielleicht war es auch ein Schock für die Ärztin", sagt sie. Aber die Suizidtheorie bestimmt auch den Prozess gegen Josef G.: Für die Tat gibt es keine Zeugen, und Josef G. plädiert auf nicht schuldig. Die DNA-Spuren seien wohl bei einem früheren Aufenthalt in der Wohnung entstanden. Sein Anwalt will beweisen, dass der Tod von Sandra Reiter tatsächlich ein Suizid war und beauftragt den bekannten Profiler Thomas Müller. „Ich gehe damit ein hohes Risiko ein. Müller ist der Beste seines Fachs. Wenn er sagt, es war Mord, dann wäre das ein gewaltiger Schuss ins eigene Knie", erzählt er damals dem *Kurier*.

Thomas Müller sagt: Es war Mord. Eine Person wie Sandra Reiter hätte sich nicht so umgebracht, hätte sie sich umgebracht. Nicht in ihrer Arbeitskleidung, nicht mit einem Kabel. Sie hätte alles perfekt geplant und ihr schönstes Gewand angezogen. Es war ein Schuss ins Knie. Josef G. wird von den Geschworenen einstimmig für schuldig befunden und zu zwanzig Jahren Haft verurteilt. In der zweiten Instanz wird die Haftstrafe auf 18 Jahre herabgesetzt.

Getötet auf göttlichen Befehl:
Der Fall Gertrude P.

Am 6. August 2018 schreibt Gertrude P. in ihr Tagebuch: „Meine Zeit, mein Dasein ist ohne diese ewigen Klagen, Anklage [sic], Termine und Vorwürfe viel friedvoller. [...] Ich lasse mich nicht mehr ausnehmen." Sie zieht einen Schlussstrich. Zwei Monate später ist ihr Dasein zu Ende. Die verweste Leiche der 72-Jährigen wird im Oktober 2018 in ihrer Wohnung in Villach gefunden, zunächst wird ein natürlicher Tod angenommen.

„Von Margits bösen SMS-Schreiben habe ich mit dem Einschlafen Probleme", ist im Tagebuch auch zu lesen. Da hat sie Margit T. bereits zur Erbin ihrer Wohnung bestimmt und ihr im Laufe mehrerer Jahre etwa 100.000 Euro zukommen lassen. Für den direkten Draht zu IHM, den Margit ihren Vater nennt. ER, der Himmelvater höchstpersönlich, spricht angeblich durch Margit T. und erteilt Anweisungen. T. ist Energetikerin und außerdem „die liebste Mama der Welt", erzählen ihre beiden Kinder jedenfalls der *Kronen Zeitung*. Sie bietet Fußreflexzonenmassagen und erzählt dabei ihren Kunden, dass sie die Gabe habe, Unheil zu spüren, ob Krebs oder einen drohenden Herzinfarkt. Dieses Unheil sei auch abzuwenden, nur halt nicht gratis.

Mit zwei Komplizinnen nimmt sie über Jahre hinweg mehr als eine Million Euro mit ihren spirituellen und okkulten Praktiken ein; nicht nur von Gertrude P. Als „Hexentrio" geistern sie durch die Boulevardzeitungen. Das Geld sei in einer Lade in Margit T.s Haus gelagert worden. Die Lade habe regelmäßig befüllt werden müssen – um Unheil abzuwenden natürlich. Dass das Geld regelmäßig verschwunden ist, hatte aber keine übersinnlichen Gründe: Margit T. ist spielsüchtig. Ihr Mann und sie sind

pleite, das Familienanwesen wird nach ihrer Verhaftung zwangs-
versteigert – zwei Termine zur Zwangsversteigerung konnte die
Familie zuvor mit Barzahlungen abwehren.

Inwieweit die Komplizinnen Täterinnen waren oder ebenfalls
in Margit T.s Bann standen, ist bislang noch unklar. Barbara H.
sagt nun, auch sie habe nur getan, was Margit T. beziehungsweise ER ihr anordneten – sie sei ein willenloses Werkzeug gewesen.
Margit T., das erzählt sie der *Krone*, habe immer einen starren
Blick und eine fremde Stimme bekommen, wenn ER durch sie
sprach. Und etwa mehrere Brandstiftungen anordnete. Wenn sie
Nachrichten in Großbuchstaben bekam, dachte sie: ER spricht
hier, nicht Margit. Wenn er wie so oft Geld wollte, dann deshalb,
um das Böse in der Welt zu bekämpfen. Zum Bösen erklärt wird
auch Gertrude P.: Von ihr gehe negative Energie aus. Und es gebe
nur eine Möglichkeit: „Traudi erfährt höchstes Glück, wenn sie
stirbt“, soll Margit T. zu Barbara H. gesagt haben. Diese weigert
sich zunächst, aber ER stellt sie in Gestalt von Margit T. vor die
Wahl: Entweder stirbt Gertrude P., oder es stirbt dein Kind. Noch
am selben Abend bekommt ihre Tochter hohes Fieber. „Danach
war ich zu allem bereit.“

Barbara H. erstickt Gertrude P., das ist jedenfalls der Stand
der Ermittlungen, sie denkt möglicherweise, im Auftrag Gottes
zu handeln. Ein Polizist, der wegen gewerbsmäßigen Betrugs
und Brandstiftung gegen Margit T. und Barbara H. ermittelt, erfährt von dem zunächst als unbedenklich eingestuften Todesfall. Weil Gertrude P. als Geschädigte auch Teil dieser Ermittlungen ist, schlägt er Alarm – eine Obduktion wird angeordnet.
Bei dieser wird ein gebrochenes Zungenbein festgestellt, ein
untrügliches Merkmal für Erwürgen. Margit T. und Barbara H.
sitzen seitdem in Untersuchungshaft, Melitta O., die den Erst-

kontakt zu Gertrude P. hergestellt hatte, ist mittlerweile wieder auf freiem Fuß.

Barbara H. bestreitet nicht, Gertrude P. getötet zu haben. Aber dass sie ein Geständnis abgelegt habe, sei trotzdem falsch, sagt ihr Anwalt Wolfgang Blaschitz: „Frau H. gibt an, dass fremde Kräfte von ihrem Körper Besitz ergriffen haben und sie zu dieser Tat gebracht haben. Sie war in einem Zustand der Trance." Margit T. habe die Tat in ihrem Körper begangen, sie selbst wäre auch zu schwach dafür gewesen. Mittlerweile glaube sie, dass der Teufel, nicht Gott, durch Margit T. gesprochen habe. Offenbar nicht zum ersten Mal.

Ein weiterer Mann, der sein Testament zugunsten von Margit T. geändert hat, verstirbt bereits im Mai 2018 mit 95 Jahren. Barbara H. gesteht der Polizei, ihm auf Befehl von Margit T. ein Püree aus Maiglöckchen injiziert zu haben. Aktenkundig ist auch, dass der Mann Anzeige bei der Polizei erstattet hat, weil ihm Barbara H. „etwas in den Mund gespritzt" haben soll – und dass diese Anzeige offenbar ignoriert wurde. Ein toxikologisches Gutachten entlastet Barbara H.: Der Mann ist höchstwahrscheinlich nicht am Püree gestorben. Der Leichnam kann nicht mehr untersucht werden: Der Verstorbene ist längst eingeäschert. Die Familie des 95-Jährigen ficht das Testament damals erfolgreich an. Kurz darauf brennt das Haus des verstorbenen Mannes ab.

Ein Gerichtsgutachter stellt bei den Frauen zwar Persönlichkeitsstörungen fest, sie seien aber dennoch zurechnungsfähig. Der Prozess steht ihnen noch bevor.

Die letzte Party:
Der Fall Karin E.

„Ich hasse mein Leben, warum kannst du nicht tot sein?", soll
sie gebrüllt haben. Minuten später stürzt sie am 22. April 2017 in
Wien-Wieden vier Stockwerke in die Tiefe. „Stirb, du Arsch", sollen ihre letzten Worte gewesen sein. Im polizeilichen Abschlussbericht steht: „Die Verstorbene verübte Selbstmord durch
Sprung von der Dachterrasse." Der Amtsarzt, ein Polizeijurist
und ein ziviler Exekutivbeamter kommen zu dem Schluss, dass
die Frau nicht mehr leben wollte. Ohne ihre letzten Minuten
zu rekonstruieren, ohne Ermittlungen einzuleiten. Auf dem Totenschein steht handschriftlich vermerkt: „Kein Fremdverschulden". Einen „nahezu perfekten Mord" wird es der Staatsanwalt
später nennen.

Die diensthabende Journal-Staatsanwältin, der der Fall vor-
gelegt wird, wundert sich: Warum sollte sich eine 45-jährige,
beruflich erfolgreiche Bankerin von einer Dachterrasse stürzen?
Warum sollte sie nicht mehr leben wollen? Sie ordnet eine Obduktion an. Die ergibt punktförmige Einblutungen in den Augen; ein leicht zu übersehender, aber klarer Hinweis auf Würgen.
Ebenso Würgemale am Hals, die weniger leicht zu übersehen
sind. Hätte die Staatsanwältin kein komisches Bauchgefühl gehabt: Karin E. wäre wohl als Selbstmörderin begraben worden.

Es ist der Tag ihrer Geburtstagsparty, aber ihr ist nicht nach
Feiern zumute. So absurd das auch klingt: Hätte die Staatsanwältin mehr über das Leben von Karin E. gewusst, die Suizidthese
wäre ihr vielleicht weniger verdächtig vorgekommen. Schon in
der Früh sagt sie, sie will nicht zur Party. „Reiß dich zusammen,
komm mit", sagt ihr Mann Christian am Abend. Er nimmt ihre

gemeinsame Tochter an der Hand und fährt mit ihr zur Party. Jenes Kind, das sie bekommen hat, obwohl Christian E. auf ihren Wunsch eine Vasektomie vorgenommen hat. Sie haben überlegt, den Arzt zu klagen, für das Kind hat sie sich trotzdem entschieden; ihr Mann hatte ihr die Wahl gelassen. Karins Mutter fährt in die Wohnung, will sie überzeugen mitzukommen, es sei doch ihre Party. Keine Chance. Christian E. fährt von der Party ohne Geburtstagskind, die eigentlich nur ein gemeinsames Essen ist, mit seiner Tochter noch zu Freunden. Er will nicht nach Hause, er kann nicht damit umgehen, wenn seine Frau in dieser Stimmung ist. In dieser Stimmung, in der sie schon einmal von Polizisten schwer betrunken verhaftet und wegen Fremd- und Eigengefährdung in Handschellen in die Psychiatrie gebracht wurde.

Die Freunde schicken Christian E. trotzdem zu ihr in die Wohnung, gegen seinen Willen. Sie soll ihm ein SMS geschickt haben mit der Ankündigung, dass sie mit einem anderen Mann schlafen werde. Seine Frau und er streiten durch die geschlossene Tür, die sie ihm nicht öffnen will. „Nur Alkohol macht mein Leben erträglich", soll sie geschrien haben, über 1,5 Promille wird der Gerichtsmediziner später feststellen. Als sie die Tür doch öffnet, eskaliert der Streit, er würgt sie, sie wirft ein Sektglas nach ihm. Er geht auf die Terrasse, um eine Zigarette zu rauchen, sie läuft ihm nach, schlägt und tritt ihn, er drückt sie weg, hält sie über die Brüstung. „War es klar für Sie, dass sie stirbt, wenn Sie loslassen?", fragt ihn der Richter Anfang 2018 bei seinem Prozess. „Ja", antwortet er. Er hat losgelassen.

Ein einziges Mal, sagt sein Anwalt Timo Gerersdorfer beim Prozess, hat Christian E. in seinem Leben emotional überreagiert. Er ist nicht nur sein Anwalt, sondern auch sein ehemaliger Schulkollege. Ein ruhiger, zurückhaltender Typ sei Christian E.

gewesen. Den „Harmonisierer" nennt ihn die Gerichtsgutachterin. „In zwanzig Sekunden habe ich mehrere Leben zerstört", sagt Christian E. beim Prozess. Sein weiteres Vorgehen nach der emotionalen Überreaktion ist sehr rational: Er fährt zurück zu den Freunden, bittet sie, zu seiner Frau in die Wohnung zu fahren, um mit ihr zu sprechen. Obwohl er weiß, dass sie längst tot ist. „Ich habe den Gedanken nicht zugelassen, was ich getan habe", sagt er vor Gericht. Zunächst geht sein Plan auf: Die Freunde finden die Leiche der Frau und alarmieren die Polizei, die von Selbstmord ausgeht. „Natürlich könnte man sagen, dass er den trauernden Ehemann gespielt hat", sagt Anwalt Gerersdorfer. „Aber man könnte auch sagen, dass er weiter für seine Tochter da sein wollte."

„Ich bin schuldig, aber kein Mörder", beteuert der Angeklagte, die Geschworenen geben ihm recht: Sie entscheiden auf Totschlag. In der Berufungsverhandlung vor dem Wiener Oberlandesgericht wird Christian E.s Strafrahmen von sieben auf acht Jahre Haft erhöht. Die höhere Strafe wird mit seinen „Verschleierungshandlungen" begründet.

WENN DER STAAT WEGSCHAUT

Tod in der Jogginghose:
Der Fall Rachat Alijew

Es ist der 18. Mai 2011, als auf einem kasachischen Müllplatz zwei Leichen in Kalkfässern gefunden werden. Bei den Toten handelt es sich um zwei kasachische Bankmanager, die Anfang 2007 spurlos verschwunden sind. Sie werden die österreichische Justiz über Jahre beschäftigen. Der Kriminalfall Alijew handelt von großen und kleinen Verschwörungen, österreichischen Possen und kasachischen Intrigen – und von der Frage, ob die Gerichtsmedizin, vielleicht sogar bewusst, schlampig gearbeitet hat. Stoff für einen Film ist die Geschichte vermutlich nicht, es müsste schon eine Serie mit vielen Staffeln werden, und die Gefahr wäre groß, dass sich am Ende kaum noch jemand auskennt.

Der Hauptdarsteller Rachat Alijew ist der Schwiegersohn des 2019 zurückgetretenen kasachischen Autokraten Nursultan Nasarbajew. Mehr oder weniger große Familienstreitigkeiten sind nichts Ungewöhnliches, die in der Familie Nasarbajew sind dann aber doch größer als in anderen Familien: Nasarbajew schiebt Alijew 2002 als Botschafter nach Österreich ab, weil er befürchtet, sein Schwiegersohn könnte gegen ihn putschen. 2007, kurz nach seiner Absetzung als Botschafter, wird Alijew zum ersten

Mal in Wien verhaftet, ihm wird vorgeworfen, die Entführung zweier Manager einer Bank veranlasst zu haben, die ihm gehört. Österreich weigert sich, ihn ausliefern zu lassen – ihn würde in Kasachstan kein faires Verfahren erwarten.

Er ist längst wieder auf freiem Fuß und nicht in Österreich, als 2011 die Leichen der vermeintlich Entführten in den Kalkfässern gefunden werden. Rund drei Jahre später, im Juni 2014, stellt sich Alijew den österreichischen Behörden auf dem Wiener Flughafen – er weilt in Griechenland, als ein Haftbefehl erlassen wird, und er befürchtet, er könnte von dort nach Kasachstan abgeschoben werden. Stattdessen landet er also in Wien und wegen Mordverdachts in Untersuchungshaft in der Justizanstalt Josefstadt.

Österreich vollzieht einen Schwenk, nunmehr arbeitet der Staat eng mit den kasachischen Behörden zusammen, denen er bislang nicht vertraute. Ein kasachischer „Opferverein" tritt auf, hinter dem das Oberlandesgericht Wien eine „Tarnorganisation des kasachischen Geheimdienstes" sieht. Die Anwälte des Vereins, Lansky, Ganzger und Partner, lassen über Jahre hinweg eine PR-Agentur Negativpostings über Alijew verfassen, der Opferverein präsentiert ein Geständnis Alijews, das sich als gefälscht erweist.

Am 30. Dezember 2014 wird Rachat Alijew wegen Mordes angeklagt, gemeinsam mit zwei weiteren Männern, seinem Sicherheitschef und dem ehemaligen Chef des kasachischen Geheimdiensts. Es ist ein Monsterprozess, der da geplant ist: vierzig bis fünfzig Verhandlungstage, neunzig Zeugen, die größtenteils in Kasachstan sitzen, teils per Videoschaltung zugeschaltet, teils eingeflogen werden sollen. Das Verfahren soll im März starten und bis zu einem Jahr dauern.

Der Angeklagte wird es nicht mehr erleben. Rachat Alijew wird am 24. Februar 2015 um 7.26 Uhr tot in seiner Zelle in der Justizanstalt Josefstadt gefunden. Er habe sich erhängt, teilt der nunmehr pensionierte Leiter der mittlerweile aufgelösten Vollzugsdirektion, Peter Prechtl, mit. Es vergehen lediglich eineinhalb Stunden, bis Alijews Anwälte, Klaus und Manfred Ainedter, Zweifel an der Selbstmordthese anmelden. „Ich habe daran erhebliche Zweifel, ohne jemanden beschuldigen zu wollen. Ich habe ihn gestern noch besucht. Es konnte überhaupt keine Rede von Suizidgefahr sein", sagt Klaus Ainedter. Etwas anderes sei gar nicht möglich, informiert Prechtl: Alijews Zelle war nachts versperrt, der Gang videoüberwacht.

Alijew habe auf eigenen Wunsch eine Einzelzelle im Sonderkrankenhaus der Justizanstalt gehabt, im internen System der Anstalt ist sein Status „grün" – er gilt nicht als suizidgefährdet, weshalb er auch alleine in seiner Zelle sein durfte, wo er viel an seinen Akten gearbeitet habe, erklärt die Vollzugsdirektion. Die Zelle sei regelmäßig kontrolliert worden, allerdings sei die Nasszelle, in der sich Alijew selbst getötet haben soll, nicht einsehbar. Dort habe er sich mit Mullbinden aus der Krankenabteilung an einem Kleiderhaken erhängt. Noch am selben Tag hätte er in einem Prozess gegen zwei Mithäftlinge aussagen sollen, denen vorgeworfen wird, ihn erpresst zu haben.

Das Abendessen wird in der Josefstadt bereits um 15.30 Uhr serviert, Alijews letzte Mahlzeit ist ein Topfenstrudel. Als Letzte Kontakt zu ihm hat eine Nachtschwester, die ihm um 17.18 Uhr sein Medikament für die Nacht überreicht, Alijew war herzkrank. Bei Kontrollgängen in der Nacht, bei denen durch das Guckloch die Zelle überprüft wird, wird nichts Besonderes protokolliert – offenbar ist der Nachtdienst davon überzeugt, dass sich Alijew gerade in seiner Nasszelle befindet. Noch am Tag des Leichenfundes wird eine Obduktion angeordnet, am nächsten meldet die Staatsanwaltschaft: kein Hinweis auf Fremdverschulden. Die Anstaltsleitung der Josefstadt gibt bekannt: Die Zellentür von Alijew wurde zwischen 17.18 Uhr und seinem Auffinden am kommenden Morgen um 7.26 Uhr nicht geöffnet, das würden die sogenannten Türstandsanzeigen belegen, die jegliche Bewegung registrieren.

Alijews Anwälte sind von alledem nicht überzeugt. Er habe sich gerade erst neue Brillen bestellt, hatte einen Friseurtermin ausgemacht und sei kampfeslustig gewesen, was seinen Prozess betrifft. Er hätte seine Familie niemals so im Stich gelassen; und vor allem hätte er sich niemals in einer Jogginghose umgebracht: Dafür sei er viel zu sehr auf sein Äußeres bedacht gewesen. Und: Warum hätte er sich mit Mullbinden strangulieren sollen, wenn ihm auch das viel stabilere Ladekabel seines Laptops zur Verfügung gestanden wäre? Zudem: Aus seinem Tagebuch sei eine Seite verschwunden.

Die Anwälte fordern eine Überprüfung des Obduktionsergebnisses. Die Staatsanwaltschaft gibt die Leiche tatsächlich nicht frei, in so einem heiklen Fall soll alles „perfekt gemacht werden". Noch bevor das toxikologische Gutachten der Wiener Gerichtsmedizin vorliegt, kündigt Justizminister Wolfgang Brandstetter an, dass eine zweite Obduktion in der Schweiz angeordnet wird. Die Verschwörungstheorien sprießen unterdessen munter weiter, kasachische Diplomaten behaupten sogar, der Tote sei gar nicht Alijew – und dass dieser auf der Flucht sei.

Am 16. März wird auch das Ergebnis des zweiten Gutachtens aus der Schweiz bekannt: kein Hinweis auf Fremdverschulden.

Der Leichnam Alijews sei bereits auf dem Wiener Zentralfriedhof beerdigt. Inzwischen behauptet ein weiterer Anwalt Alijews, Erich Gemeiner, er habe einen Informanten, der von einem Mordauftrag der kasachischen Regierung wisse – was diese freilich dementiert. Ende des Monats kollabiert der Mordprozess, der wegen Alijews Ablebens nur gegen seine beiden Komplizen geführt wird, nahezu: Beide werden aus der Untersuchungshaft entlassen. Es habe „widersprüchliche Angaben aus Kasachstan" gegeben, und es liege „kein dringender Tatverdacht" mehr vor. Der Richter erklärt: Auch Alijew hätte er freigelassen, wäre der noch am Leben. Er vermutet, dass die ganze Sache aus Kasachstan gesteuert war – der Prozess läuft dennoch weiter.

Ende Mai platzt das toxikologische Gutachten in den laufenden Prozess. Alijew sei zum Zeitpunkt seines Todes „vollgepumpt" mit Medikamenten gewesen, berichtet die APA. Zwei Schlafmittel, Paracetamol und Arzneien gegen Diabetes und Bluthochdruck seien in seinem Blut gefunden worden – alle davon waren ärztlich verschrieben. Unterdessen hebt das Oberlandesgericht Anfang Juni die Freilassung der beiden Angeklagten wieder auf: Sie müssen zurück in Untersuchungshaft. Allerdings nur mehr kurz: Am 10. Juli werden sie vom Vorwurf des Doppelmordes freigesprochen.

Der Fall Alijew scheint zu einem Ende gekommen zu sein – bis Bernd Brinkmann die Bühne betritt. Ainedter und sein Sohn Klaus suchen den Spezialisten für Ersticken auf, um ein drittes Gutachten zum Tod Alijews in Auftrag zu geben. Der letzte Satz dieses Gutachtens lautet: „Es handelt sich damit um eine Tötung durch fremde Hand." Punkt.

Brinkmann sagt nicht, dass es die Möglichkeit gibt, dass Alijew ermordet wurde. Er ist felsenfest davon überzeugt. Brinkmann sieht nicht Alijews Leiche, die ist längst beerdigt. Er sieht nur Fotos der Leiche, allerdings in zwei Stadien: Fotos, die noch in der Zelle gemacht wurden, und solche, die am Seziertisch entstanden sind. Auf den Fotos erkennt Brinkmann ein Stauungssyndrom, das, wie er ausführt, dadurch entsteht, dass Blut nicht mehr abfließen kann, aber noch in den Kopf gepumpt wird. Dieses Stauungssyndrom ist ein Anzeichen für Erwürgen und Erdrosseln, beim Erhängen „ist das Stauungssyndrom wesentlich geringer ausgeprägt als im vorliegenden Fall. Meistens fehlt es vollständig." Und in Alijews Fall hätte es vollständig fehlen müssen: „Beim Erhängen – jedenfalls bei einer Strangführung wie vorliegend und dann, wenn größere Teile des Körpergewichts (geschätzt mindestens zwei Drittel) im Strang hängen, resultiert ein blasser Kopf, es kommt zur sofortigen Unterbindung der arteriellen Blutzufuhr und damit kann ein Stauungssyndrom nicht zustande kommen." Auch ob es technisch überhaupt möglich gewesen wäre, dass sich Alijew auf diese Weise erhängt hat, stellt er nach Selbstversuchen mit Mullbinden zumindest in Zweifel: „Einiges spricht dafür", dass das Alijew gar nicht möglich gewesen wäre.

Dazu kommt, dass dieses Stauungssyndrom oberhalb wie unterhalb der Strangmarke erkennbar sei: „Das Stauungssyndrom kann nicht durch einen Strangulationsmechanismus im Sinne von Erdrosseln oder Erhängen verursacht worden sein. Allenfalls eine Strangulation in der allerletzten Phase eines andersartigen Sterbeprozesses wäre nicht sicher ausschließbar." Rachat Alijew, zu diesem Schluss kommt Brinkmann, ist an einer Perthes'schen Druckstauung gestorben. Dazu kommt es, wenn gleichzeitig Druck auf den Oberkörper ausgeübt wird und die Atemwege blockiert werden. Das komme einerseits bei

Unfällen vor, kann aber auch herbeigeführt werden, wenn „sich eine Person auf die zu erstickende Person setzt. Ein deutlicher Gewichtsunterschied zwischen den Personen ist effektiver." Gleichzeitig werden dem Opfer Mund und Nase zugehalten. Alijew, sagt Brinkmann, ist durch Burking (siehe Fall Sandra Reiter) ums Leben gekommen.

Dabei passiert dasselbe wie beim Erdrosseln: Blut wird in den Kopf gepumpt, kann aber nicht mehr abfließen. „Weil das Verteilungsmuster dem Blutkreislauf folgt (Quellgebiete der oberen Hohlvene), ist es auch nicht denkbar, dass es durch postmortale Einflüsse erzeugt wurde", schreibt Brinkmann in seinem Gutachten. Sollte Alijew auch stranguliert worden sein, dann erst „kurz vor dem Ende der Sterbephase", weil die Strangulation keinen Einfluss mehr auf die Blutverteilung hatte: „In diesem Fall war die Herztätigkeit also nahezu erloschen."

Brinkmann schließt: „Es ist nicht möglich, dass das bei der Leiche vorgefundene Muster der Druckstauung durch eine Strangulation durch Erhängen [...] erzeugt wurde." Er kommt für eine Pressekonferenz nach Wien, wo er die beiden vorhergehenden Gutachten kritisiert: Die Rückschlüsse aus den Befunden „sind total falsch". Geradezu „lehrbuchmäßig" sei die Todesursache Burking feststellbar. „Das sieht ein Blinder." Brinkmann sagt, er habe hunderte Erhängte gesehen, „das kann kein Erhängen gewesen sein". An der Wiener Gerichtsmedizin sei geschlampt geworden, die Obduktion sei offenbar unter der „vorgefassten Meinung" eines Suizids vorgenommen worden. Die Annahme eines solchen Suizids sei allerdings ein „Fantasiegebilde".

Brinkmanns Gutachten hat zur Folge, dass die Staatsanwaltschaft ein Ergänzungsgutachten in der Schweiz anfordert.

Es ist nicht das erste Mal, dass Brinkmann ein Gutachten aus Wien anzweifelt und korrigiert – und wie im Fall Alijew war auch da das Ergebnis in Wien das von der Justiz erhoffte: Als der Nigerianer Marcus Omofuma 1999 seinen Abschiebeflug nicht überlebte, bei dem er mit Klebebändern an seinen Sitz gefesselt wurde und auch der Mund und zumindest ein Nasenloch zugeklebt waren, wurden in Wien mehrere Todesursachen als möglich genannt, unter anderem eine übersehene Herzbeutelentzündung. Den ursächlichen Zusammenhang von „Tod und Verklebung" sah die Wiener Gerichtsmedizin nicht als gegeben. Brinkmann sah ihn als kausal erwiesen.

Auch im Fall Alijew tauchen weitere Ungereimtheiten auf: Es stellt sich heraus, dass die Fotos des ersten Gutachtens aus Wien nicht in die Schweiz geschickt wurden – jene Fotos, aufgrund derer Brinkmann zu seinem Befund gekommen ist. Das wäre eigentlich die Aufgabe des Erstgutachters gewesen, erklärt die Wiener Staatsanwaltschaft. Institutsleiter Daniele Risser hingegen, der Erstgutachter, teilt der Staatsanwaltschaft mit, es wäre deren Aufgabe gewesen, die Fotos weiterzuleiten. Von der Staatsanwaltschaft befragt, ob die Schlüsse Brinkmanns für ihn nachvollziehbar seien, antwortet Risser: „Bitte um Verständnis: Ich wurde als Sachverständiger und somit der Interpretation der Obduktionsbefunde, die in Anwesenheit eines Anwalts der Witwe aufgenommen wurden, enthoben."

Es ist keine gute Zeit für die Wiener Gerichtsmedizin: Während die Staatsanwaltschaft auf das Ergänzungsgutachten aus der Schweiz wartet, wird ein anderes, lange zurückliegendes Gutachten in Zweifel gezogen, auch dabei geht es um einen bekannten Fall: um jenen des Bürgermeisters von Spitz, nach Jahren im Wachkoma nun ein Pflegefall, nachdem er 2008 mit einer präparierten „Mon Chéri"-Praline vergiftet wurde. Ein Wiener Gerichtsmediziner hat damals in einem Gutachten die Menge des verabreichten Rattengifts Strychnin anhand einer Urinprobe zu bestimmen versucht, ein neues Gutachten aus München kommt im Dezember 2016 zu dem Schluss, dass diese Methode „per se zweifelhaft" sei, weil der „Konzentrationsgrad des Urin" dabei eine Rolle spiele. Die Conclusio des neuen Gutachtens: Das Opfer sei nicht mit 700 Milligramm, sondern mit rund 5 Gramm Strychnin vergiftet worden. Warum das relevant ist: So viel Strychnin passt gar nicht in eine „Mon Chéri"-Praline.

Der *Kurier* berichtet unterdessen über weitere Ungereimtheiten im Fall Alijew, vor allem bei der Sicherung des Tatorts: Ein Beamter habe die Mullbinde durchgeschnitten, an der Alijews Leiche gefunden wurde, ohne vorher Fotos zu machen. Die Tragfähigkeit des Kleiderhakens, an dem die Mullbinde befestigt war, sei nicht getestet worden. Zwei Verletzungsspuren im Gesicht, die in St. Gallen festgestellt wurden, seien in Wien von Daniele Risser übersehen worden. Ein katholischer Priester habe die Leiche des muslimischen Alijew mit Weihrauch beräuchert. Der Code für die Videoüberwachungsanlage sei seit Jahren nicht geändert worden.

All diese Hinweise ändern nichts mehr an der offiziellen Version. Am 17. Februar 2017 erklärt der Schweizer Rechtsmediziner Roland Hausmann, dass er „weiterhin keine Anhaltspunkte für eine Fremdbeteiligung" sehe. Ein „durch nichts zu übertreffender rechtsmedizinischer Unsinn" sei dieses ergänzende Gutachten Hausmanns, findet Bernd Brinkmann, er schade mit diesem Gutachten „nachhaltig dem Ansehen des Faches ‚gerichtliche Medizin'". Mehr noch, er hält es für ein vorsätzliches Falschgutachten und fordert die Einholung eines Übergutachtens. Das passiert nicht mehr. Die Staatsanwaltschaft ist zufrieden mit Hausmanns Gutachten: Akt geschlossen, Fall erledigt. Die Zweifel bleiben.

„Es wurde versemmelt":
Der Fall Wolfgang Priklopil

Der 23. August 2006 ist sein letzter Tag. Er beginnt als ruhiger Sommertag. Bis die Ereignisse außer Kontrolle geraten. Es ist gegen 13 Uhr, er telefoniert, Natascha Kampusch putzt sein Auto. Plötzlich ist das Gartentor offen, seine Gefangene verschwunden. Nach 3.096 Tagen flüchtet sie aus Wolfgang Priklopils Haus in Strasshof. Sie läuft in eine Schrebergartensiedlung, sie hat Angst um ihr Leben und Angst davor, dass ihr Entführer sie wieder zurückholt. „Bitte helfen Sie mir, bitte helfen Sie mir", ruft sie durch ein Fenster einer Frau zu, in deren Garten sie gelandet ist. Die lässt sie zwar nicht ins Haus, alarmiert aber die Polizei.

Neben dem Fall Fritzl ist es der wohl bekannteste Kriminalfall Österreichs: Am 2. März 1998 wird die zehnjährige Natascha Kampusch auf ihrem Schulweg entführt; und alles weitere ist schon umstritten: Stimmen, die behaupten, der Täter Wolfgang Priklopil sei schon damals nicht alleine gewesen, als er Kampusch entführte, sind bis heute nicht verstummt. Zuletzt bekommen die Zweifler an der offiziellen Version der Geschehnisse 2016 neuen Aufwind durch ein Gutachten: Die beiden Gerichtsmediziner Martin Grassberger und Johann Missliwetz nehmen den Befund der Obduktion auseinander, die der Leiter der Wiener Gerichtsmedizin, Daniele Risser, nach dem Tod Wolfgang Priklopils vornahm. Seit fast zehn Jahren ist er damals schon tot.

Als er bemerkt, dass Kampusch verschwunden ist, setzt sich Priklopil in seinen weißen Mercedes Sprinter, um sie zu suchen, er spricht aus dem Auto eine Passantin an: „Entschuldigen Sie, haben Sie vielleicht ein Mädchen gesehen mit blonden Haaren und einem roten Kleid?" Er bleibt erfolglos, kehrt zum Haus zurück, sucht dort noch einmal nach Kampusch, vielleicht ist sie ja gar nicht geflüchtet. Aber sie ist verschwunden. Er wechselt das Auto, steigt in seinen roten BMW. Unterdessen trifft die Polizei in der Schrebergartensiedlung ein, „auf Befragung gab die verwirrte Person [...] an, dass sie Natascha Kampusch sei", wird später in den Akten stehen. „Sie gab an, dass sie von Priklopil Wolfgang seit 8 Jahren in Strasshof in einem Verlies eingesperrt worden ist." Zwei der vier eingetroffenen Polizisten fahren zu Priklopils Haus, es wird eine Fahndung nach ihm eingeleitet. Die Polizisten erspähen Priklopil in seinem Auto und holen ihn fast ein. Als er die Polizisten bemerkt, beschleunigt er auf 180 km/h und entwischt. 200 Polizisten in Wien und Niederösterreich werden abgestellt, um nach ihm zu suchen; selbst Hubschrauber werden eingesetzt.

Wolfgang Priklopil ist auf der Flucht. Vor der Polizei, vor sich selbst und der Schuld, die er in den vergangenen acht Jahren auf sich geladen hat. Als Natascha Kampusch in die Polizeistation Deutsch-Wagram gebracht wird, wo sie zum ersten Mal ihre Geschichte erzählt, ist Priklopil als Geisterfahrer auf der A23 unterwegs. Um 14.13 Uhr filmt ihn eine Überwachungskamera, er biegt in die Tiefgarage des Wiener Donauzentrums ein. Und Kampusch wird bei ihrer ersten Befragung einen Satz sagen, der auf Jahre hin Zweifel an der Einzeltätherthese der Polizei nähren wird: „Ich weiß keine Namen", antwortet sie auf die Frage, ob es Komplizen gebe. Sie meinte, das sagt sie später, dass sie nichts von weiteren Tätern weiß. Im Donauzentrum sucht Priklopil einen Infostand auf, er wirkt nervös, bittet darum, ein Telefonat führen zu dürfen. Er sagt der Angestellten eine Nummer an; sie wählt und überreicht ihm den Hörer. „Du musst mich abholen, ganz dringend. Es ist ein Notfall. Egal auf welcher Straße du bist, komm unbedingt ins DZ."

Was danach passiert, das weiß nur Ernst H. im Detail. Um 14.58 Uhr wird H. seine Handys ausschalten, da ist er mit Priklopil bereits in der Haussteinstraße im zweiten Bezirk. Priklopil, so erzählt es H. in einer seiner Versionen über den Nachmittag, wollte sich zu diesem Zeitpunkt umbringen, indem er mit dem Auto gegen eine Wand fährt. Gegen 16.45 Uhr wird im Donauzentrum der BMW von Priklopil entdeckt und von der Polizei observiert; während Priklopil und H. den Standort wechseln und in der Nordbahnstraße ihr Gespräch fortsetzen. Auf die Rückseite eines Metro-Gutscheins schreibt Priklopil laut H. nur ein Wort: „Mama" – später wird ein graphologisches Gutachten Zweifel daran aufwerfen, dass die Handschrift wirklich jene Priklopils ist. Natascha Kampusch wird unterdessen von der Polizeistation in Deutsch-Wagram in das frühere Sicherheitsbüro in Wien gebracht.

Um 19.30 Uhr wird die Öffentlichkeit durch eine Pressekonferenz informiert: Natascha Kampusch ist am Leben, und sie ist in Freiheit. Die Ermittler halten ein Foto von Wolfgang Priklopil in die Kamera; sie versichern, dass alle im Außendienst befindlichen Einsatzkräfte nach ihm suchen. Nach dem Ende der Pressekonferenz wird das Anwesen Priklopils durchsucht, sie finden das Verlies, in das Kampusch während ihrer Gefangenschaft gesperrt war. Wolfgang Priklopil weiß von alldem nichts, dafür bekommt die Polizei einen Hinweis, wo er sich befinden könnte: Ernst H.s Schwester ruft bei der Polizei an. Sie fürchtet, ihr Bruder könnte von Priklopil entführt worden sein.

Wurde er nicht. Er sitzt aus freien Stücken immer noch neben Wolfgang Priklopil. Erst kurz nach 20 Uhr, so wird H. es später erzählen, steigt der aus und verabschiedet sich. Ernst H. fährt zu der Veranstaltungshalle in Wien-Liesing, die er betreibt. Um 20.50 Uhr beschleunigt Triebwagenführer Erwin M. seine S-Bahn-Garnitur aus der Station Praterstern Richtung Floridsdorf. Etwa einen halben Kilometer außerhalb der Station, der Zug fährt mit etwa 45 km/h, überrollt er einen Mann. Bei der Polizei sagt der Triebwagenführer aus:

„Ich bemerkte eine Bewegung von etwas Hellem. Diese Bewegung kam von links, und dieser helle Schatten legte sich in den Gleiskörper. Ich erkannte dann, dass diese helle Gestalt ruhig quer zu meiner Fahrrichtung auf den Schienen lag. Das Ganze geschah vielleicht fünf oder zehn Meter vor mir und ging recht rasch. Ich leitete sofort eine Schnellbremsung ein. Diese ist eher mit einem lauten zischenden Geräusch im Führerstand verbunden und dauert fünf bis zehn Sekunden. Noch während ich dieses Zischen hörte, hörte ich auch einen Aufprall."

Wolfgang Priklopil ist tot, überrollt von einem Zug. Unmittelbar vor der Kollision habe der Zugführer gesehen, dass es ein Mensch ist, der da auf den Gleisen liegt. Nach der Bremsung steigt er aus, geht die einzelnen Waggons ab und findet eine Leiche mit nahezu abgetrenntem Kopf. In Liesing wird unterdessen Ernst H. bei seiner Veranstaltungshalle von Polizisten angesprochen. „Hat er s' umbracht?" soll seine erste Reaktion gewesen sein. Oder aber: „Hat er si(ch) umbracht?" Am kommenden Tag wird die Leiche Priklopils obduziert: „Das Untersuchungsergebnis spreche – unter Bedachtnahme auf die aktenkundige Vorgeschichte – für eine Selbsttötung."

Etwa eine Woche nach der Befreiung von Natascha Kampusch gibt Ernst H. am 30. August 2006 eine schriftliche Erklärung ab, da erzählt er die Begegnung mit Priklopil kurz vor seinem Tod so:

„Er erzählte mir, dass er soeben in angetrunkenem Zustand einer Polizeikontrolle davongerast wäre. Er war sehr aufgeregt und sagte einige Male: ‚Die nehmen mir den Führerschein weg. Ohne Auto ist es schlimm. Ich kann dann auch meine Mutter nicht mehr besuchen.' Ich habe versucht, ihn zu beruhigen. Ich wusste, dass Autos und damit der Führerschein sein ‚Heiligtum' sind. Da ich ihn schon lange kannte, hatte ich keinen Zweifel an dieser Begründung. Er war aber sehr aufgeregt, was ich bei ihm noch nicht in der Form erlebt habe. Da er normalerweise keinen Alkohol trinkt, nahm ich an, dass dies eine Folge des Trinkens war. Ich versuchte ihn zu beruhigen, indem wir vorwiegend über berufliche Dinge redeten. Wir führten dann ein langes Gespräch über seine Wohnung, die noch notwendigen Arbeiten, die Vermietungsmöglichkeiten und gingen die Renditeberechnung durch. Das alles beruhigte ihn dann tatsächlich wieder.

Ich versuchte ihn zu überzeugen, dass er sich stellen muss und dass er dann wahrscheinlich den Führerschein nur für einige Monate verlieren wird. Er versprach es und stieg in der Dresdner Straße aus. Da ich ihn als korrekten Menschen kannte, hatte ich keinen Zweifel, dass er dies auch tun würde."

Er wird seine Geschichte über die Jahre ändern. Im Jahr 2009, drei Jahre nach dem Vorfall, sagt H. erstmals aus, dass Priklopil ihm erzählte, warum er tatsächlich auf der Flucht war: „Er sei das größte Arschloch [...] ein Vergewaltiger und Entführer" – Priklopil habe bei H. eine Lebensbeichte abgelegt.

2010 steht er wegen Begünstigung der Flucht von Wolfgang Priklopil vor Gericht, da hat er die Geschichte dieses Tages bereits komplett geändert. H. sei damals „ungefähr in der gleichen Lage wie Frau Kampusch in ihrer Gefangenschaft" gewesen, sagt er vor Gericht. Vom Vorwurf der Begünstigung wird er freigesprochen.

Aber die Theorien um mögliche Mittäter sind bis heute nicht verstummt, und immer wieder ist im Zuge der Verdächtigungen H.s Name gefallen. Die ersten Ermittlungen rund um die Entführung werden bereits nach knapp drei Monaten im November 2006 eingestellt; mit dem Ergebnis, dass sich der Einzeltäter Priklopil umgebracht hat. 2008 wird vom damaligen Innenminister Günther Platter (ÖVP) eine Evaluierungskommission eingesetzt, der Ludwig Adamovich vorsteht; er ist ehemaliger Präsident des Verfassungsgerichtshofs und bis heute verfassungsrechtlicher Berater des Bundespräsidenten. Wie Johann Rzeszut, ebenfalls Mitglied der Kommission und ehemaliger Präsident des Obersten Gerichtshofs, ist er überzeugt, dass Priklopil Mittäter hatte.

Die Kommission beklagt unter anderem, dass die Frage, ob auch andere Personen vom Verbleib von Natascha Kampusch Bescheid wussten, viel zu wenig erörtert wurde.

Von November 2008 bis Dezember 2009 ermittelt eine Sonderkommission Kampusch. Als ihr Abschlussbericht im Jänner 2010 präsentiert wird, verweigert der Chefermittler Franz Kröll die Teilnahme an der Pressekonferenz: Er findet, dass zahlreiche Fragen noch immer unbeantwortet seien. Bei einem „derartigen Schmierentheater", erzählt er Mitgliedern der Adamovich-Kommission, mache er nicht mit. Ende Juni 2010 wird er erschossen auf der Terrasse seiner Grazer Wohnung aufgefunden.

Der Tod wird als Suizid klassifiziert, Kröll habe sich in die linke Schläfe geschossen. Der Polizeibericht sieht eine „Entlastungsdepression im Zusammenhang mit dem Abschluss seiner Tätigkeit für die Kampusch-Sonderkommission", in Krölls Tresor wird ein Abschiedsbrief gefunden. Es bleiben trotzdem einige Fragezeichen. 2013 lässt Krölls Bruder Karl beim Grazer Gerichtsmediziner Eduard Peter Leinzinger ein Gutachten beauftragen, das den offiziellen Ermittlungen widerspricht: Das vermeintliche Einschussloch auf der Loggia stellt sich als Bohrloch heraus. Als dort kein Projektil gefunden wurde, lautete die These der Ermittler, es könnte sich in einem möglichen Hohlraum in der Wand befinden.

Leinzinger glaubt auch nicht, dass sich Kröll selbst in die linke Schläfe geschossen hat, weil bei Schüssen aus nächster Nähe „die Einschussöffnung in der Regel größer sei als die Ausschussöffnung, da es durch die aus der Laufmündung austretenden Gase nach Bildung der sogenannten Schmauchhöhle zu einem Aufplatzen der Haut kommt". Schmauchspuren werden an beiden Händen Krölls gefunden, jene auf der rechten seien stärker. Und: An beiden Händen werden Blutspritzer gefunden, die auf eine mögliche Abwehrhaltung hindeuten. Kröll könnte auch aus nächster Nähe erschossen worden sein. Seine Lesebrille lag auf dem Tisch, aber das Notizbuch, in das Franz Kröll stets seine Gedanken zum Fall Kampusch niedergeschrieben hat, ist verschollen. Der Abschiedsbrief sei gefälscht, er habe ein anderes Schriftbild, und außerdem sei es mit „Franz Kröll" unterzeichnet, obwohl sein Bruder alle Dokumente mit „Kröll Franz" unterschrieben habe. Alles kein Nachweis, dass er ermordet wurde. Aber Umstände, die Zweifel aufkommen lassen. Ermittelt wird in dem Fall nicht mehr.

Damit nicht genug: 2016 veröffentlichen die Gerichtsmediziner Martin Grassberger und Johann Missliwetz ein Gutachten, das ein vernichtendes Urteil über die Obduktion von Wolfgang Priklopil fällt, die der Leiter der Wiener Gerichtsmedizin, Daniele Risser, vorgenommen hat. Manche sehen dahinter nicht nur fachliche Bedenken, sondern auch persönliche Animositäten; Missliwetz ist jener Gerichtsmediziner, der Risser wegen Mobbings geklagt hat. Grassberger und Missliwetz prangern verschiedene grobe Fehler bei der Obduktion an:

1. Die vorgenommenen Untersuchungen am Leichnam Priklopils würden „nicht den üblichen Standards und üblichen Vorgangsweisen, nicht einmal denen eines durchschnittlich sorgfältigen Facharztes für Rechtsmedizin" entsprechen. Wesentliche Untersuchungen wie etwa eine Todeszeitbestimmung oder eine Rekonstruktion der Schädelverletzungen seien unterlassen worden.

2. Das Gutachten enthalte einen Zirkelschluss: Risser gehe von einem Suizid aus, weil Priklopils Tod „unter Bedachtnahme auf die aktenkundige Vorgeschichte" ein solcher sei – er sei aber seine Aufgabe festzustellen, ob tatsächlich ein Suizid vorliege oder ein solcher nur vorgetäuscht wurde.

3. Es bestehe die Gefahr, dass durch diesen „gerichtsmedizinischen Kunstfehler" wesentliche Befunde vernichtet wurden.

4. Aus gerichtsmedizinischer Sicht sei „der Todesfall Wolfgang Priklopil als höchst bedenklich zu bewerten", und Fremdverschulden sei „auf Basis der vorliegenden Befunde durchaus als möglich zu erachten".

Priklopils Leiche wird mit nahezu abgetrenntem Kopf auf der Gleistrasse gefunden. Es gebe zwei Möglichkeiten, wie diese Verletzung zustande gekommen sei: durch eine Kopfabräderung oder durch ein Abreißen des Kopfes durch eine massive Gewalteinwirkung am Körper – wenn also der Kopf nach hinten gerissen wird. Im ersten Fall müsste die Halswirbelsäule zermalmt sein, im zweiten Fall hätte die Gewalteinwirkung – der Triebwagen – von vorne stattfinden müssen. Der Verletzungsschwerpunkt liegt aber an der Hinterseite, Priklopil hat einen zertrümmerten Hinterkopf. Seine Leiche wurde zwischen den Gleisen gefunden, wäre er überrollt worden, der Kopf und der Rest des Körpers wären wohl getrennt voneinander aufgefunden worden.

Während das Leibchen Priklopils blutgetränkt gewesen sei, habe es auf den Gleisen nur vereinzelte Blutspritzer gegeben – ein Indiz dafür, dass der Hals bereits durchtrennt war, als Priklopil auf die Gleise gelegt wurde, und die Blutdurchtränkung des T-Shirts woanders passiert sei. Die erstaunlich geringen Blutspuren wurden damals auch in einem Polizeibericht erwähnt. Priklopils Leichnam habe zwei Verletzungen, die für sich jeweils tödlich waren: eine Durchtrennung der Halsschlagader und ein ausgedehntes Schädel-Hirn-Trauma durch Zertrümmerung des Hinterkopfs. Die Durchtrennung des Halses habe aber keinen „Substanzverlust" zur Folge gehabt, weise also eher auf eine schnittartige Verletzung denn auf eine Räderung hin, die Quetschungen zur Folge gehabt haben müsste.

Die beiden tödlichen Verletzungen seien nicht miteinander in Einklang zu bringen: einerseits eine fast vollständige Abtrennung des Kopfes, der im Nackenbereich noch mit dem Körper verbunden war, und andererseits ein Primärkontakt mit dem Zug am Hinterkopf. Wurde Priklopil bereits tot auf die Gleise gelegt?

Es ist eine Frage, die laut Martin Grassberger unter Umständen leicht zu beantworten gewesen wäre: durch eine routinemäßig durchgeführte Körpertemperaturmessung. „Da hat der damalige Gerichtsmediziner gesagt, das führen wir nicht durch, das bringt nichts. Ein gewissenhafter deutscher Rechtsmediziner kriegt da einen Anfall. Aber in Österreich kommen Sie durch damit. Genau das hat zu den Spekulationen geführt, dass der Herr Priklopil möglicherweise schon länger tot war, als er auf den Gleisen gelegen ist. Durch eine einfache routinemäßige Temperaturmessung, die nichts kostet, wäre das auf Plausibilität hin geprüft."

Beweist das, dass Priklopil von Mittätern umgebracht wurde? Nein, sagt auch Martin Grassberger. Aber es lässt viele Fragen offen, und nur deshalb, weil schlampig gearbeitet wurde. „Das wurde versemmelt", sagt Grassberger. „In Forensik und Kriminalistik müssen viele Maßnahmen zu einem frühen Zeitpunkt gesetzt werden, von denen sich oft erst später herausstellt, ob sie einen fallbezogenen Informationswert haben. Deshalb ist standardisiertes Vorgehen und Qualitätsmanagement so wichtig in diesem Arbeitsbereich."

Der unmögliche Suizid:
Der Fall Alois H.

„Solange ich lebe, tut dir der da drüben nichts", soll Alois H. zu seiner Tochter gesagt haben. Wenig später ist er tot.

Am 25. September 2014 wird er in der Küche seines Hauses gefunden, noch irgendwie am Leben. Er stirbt wenig später. Alois H. ist ein schwerkranker Mann. Leberzirrhose, Atherosklerose, Durchblutungsstörungen, eine Schulterprothese, ein frisch gebrochener Oberarm. Er kann beide Hände kaum bewegen. Gestorben ist er an einer Einschusswunde hinter dem rechten Ohr. Für die Polizisten ist die Sache schnell klar: Alois H. hat sich erschossen, weil er nicht zu einem Pflegefall werden wollte.

Die Ermittler blicken jahrelang nicht in den tiefen Abgrund, der sich aufgetan hätte, wenn sie ein bisschen genauer hingeschaut hätten. Einen Abgrund, auf den Alois H.s Tochter Monja die Ermittler seit Jahren verzweifelt hingewiesen hat. Vier Monate nach dem vermeintlichen Suizid erreicht Monja H. eine Tatortbesichtigung durch das Bundeskriminalamt, nach der festgehalten wird: „Es konnten keine Anhaltspunkte dafür gefunden werden, dass Alois H. mit einer Schusswaffe hantiert, eine Schusswaffe abgefeuert oder sich in unmittelbarer Nähe einer Schusswaffe aufgehalten hat." In der Folge passiert: nichts. Wann immer sich Monja an die Behörden wendet, wird ihr gesagt, sie solle sich mit der Tatsache abfinden, dass ihr Vater sich umgebracht hat.

Mehr als vier Jahre vergehen, bis der pensionierte Gerichtsmediziner Johann Missliwetz in einem Privatgutachten alleine durch das Studium der vorhandenen Akten und Dokumente feststellt: „Nach derzeitiger Befundlage ist ein Suizid nicht beweisbar und Fremdeinbringung des Schusses nicht auszuschließen, sondern nicht unwahrscheinlich." An den Händen von Alois H. wurden keine Schmauchspuren gefunden, er habe auch beide Hände nicht so weit heben können, um sich erschießen zu können. „Es gab bei den Ermittlungen eine Schusshanduntersuchung mit Elektronenmikroskop, und da gab es keine relevanten Schmauchspuren. Während ein Vergleichsschuss reichliche Mengen davon ergab. Das passt nicht zusammen." Das sei von einem Sachverständigen mit einer ungewöhnlichen Schusshaltung erklärt worden. „Ich sag mal: Das wäre für mich nicht die erste Annahme gewesen", sagt Missliwetz. Die Hypothesen in den Ermittlungsakten, wie sich Alois H. trotzdem erschießen hätte sollen, bezeichnet er als „völlig dilettantisch" und „hoch spekulativ".

Es sei auf jeden Fall „ein bedenklicher Todesfall und kein typischer Suizid", sagt Missliwetz. Die Grazer Staatsanwaltschaft beauftragt in der Folge einen Waffensachverständigen, um alle Zweifel auszuräumen. Dessen Gutachten bestätigt Missliwetz, nicht die Staatsanwaltschaft: „Es ist von Fremdverschulden auszugehen." Auch wenn an der Waffe nur die DNA des Opfers gefunden wird. Ermittlungen gegen Unbekannt wegen Mordes werden im Februar 2019 aufgenommen, nach mehr als vier Jahren. Ein ebenfalls seit Jahren bekanntes Detail dieser Ermittlungen ist die Herkunft der Tatwaffe. Es ist eine spanische Astra Mod 2000 Cub mit einem Kaliber von 6,35 Millimetern. Sie gehört Eduard L.

Jenem Arzt und Bruder eines Politikers, der 2017 von dem Vorwurf freigesprochen wird, seine Kinder systematisch gequält zu haben, dessen Freispruch in der Folge aber aufgehoben wird, weil Beweise nicht ausreichend erörtert wurden. Im Juli 2019 wird er bei der Wiederholung des Prozesses für schuldig befunden, seine Kinder gequält zu haben, auch wegen unerlaubten Waffenbesitzes wird er verurteilt. Das Urteil fällt mild aus: eine bedingte Freiheitsstrafe von vier Monaten und eine Geldstrafe in der Höhe von 1.920 Euro.

L. soll seine Kinder gezwungen haben, Verdorbenes zu essen, seine Tochter medikamentenabhängig gemacht haben, sie gezwungen haben, ihm einen Schraubenzieher aus dem Bauch zu ziehen, den er sich selbst hineingerammt hat, er soll sich selbst eine Waffe an die Schläfe gehalten, eine Schlinge um den Hals gezogen haben, seine Kinder betteln lassen, dass er sich nicht umbringe. Ihnen gedroht haben, ihr Wohnhaus zu sprengen, ihrer Mutter Säure ins Gesicht zu schütten.

Mit 23 Jahren geht Monja H., die so alt ist wie eine von L.s Töchtern, eine Affäre mit dem Arzt ein, der sie behandelt hat, seit sie fünf Jahre alt ist. Eine Affäre mit einem Mann, von dem seine Ex-Frau, eine Psychotherapeutin, sagt, sie wisse erst jetzt wirklich, was ein echter Psychopath ist. Monja H. berichtet von Sexspielen in der Ordination des Arztes, der mittlerweile mit einem Berufsverbot belegt ist. Er habe ihr beim Sex einen Katheter gelegt und ihr Infusionen aus Natriumchlorid und Vitaminen verabreicht. Sie will die Beziehung beenden, er lässt das nicht zu. Droht mit Selbstmord, will sie zum gemeinsamen Suizid überreden, schickt ihr Fotos von seinem Penis, durch den er einen Nagel geschlagen hat. Monja H. vertraut sich im August 2014 ihrem Vater an, erzählt ihm alles, beendet die Beziehung.

Am 25. September ist er tot. Gestorben durch die Waffe jenes Mannes, vor dem er seine Tochter beschützen wollte. Alleine dass sich Alois H. mit der Waffe von Eduard L. erschießt, ist „höchst aufklärungswürdig, das allein hätte mich schon sehr stutzig gemacht", sagt Gutachter Missliwetz: „Wie kommt dieser Herr zu dieser Waffe? Es ist ja bei uns auch die Mithilfe am Selbstmord verboten." Eduard L. selbst hat in der Vergangenheit zugegeben, dass die besagte Waffe ihm gehöre, er sie aber seit 2008 nicht mehr gesehen habe.

Der letzte Mieter:
Der Fall Cafer Ilkay

Der Weg ist beschwerlich für ihn. Erich Dimitz, Leiter des Bezirksmuseums Mariahilf, ist auf Krücken unterwegs. Aber jeden Tag im Spätsommer 2014 macht er sich auf den Weg zur Esterházygasse 6, um dort einen Zettel anzubringen. Um seines Freundes zu gedenken. Er muss jeden Tag wiederkommen, weil seine Zettel immer wieder heruntergerissen werden. Auf den Zetteln stehen Sätze wie diese:

Aus diesem schönen alten Haus wurden alle MieterInnen vertrieben. Der letzte von ihnen, Cafer I., wollte nicht ausziehen und wurde Anfang August in seinem Hauseingang tot geschlagen.
Er war mein Freund!
Lieber Cafer I., du gehst mir so ab!
Dein Freund Erich

Andere greifen zu nachhaltigeren Mitteln: „Wie starb Cafer Ilkay" ist mit roter Farbe an eine Wand in der Esterházygasse gesprayt.

Das Paradies, so nennt Cafer Ilkay seine kleine Wohnung. Niemand sonst würde das tun. Seine Kinder flehen ihn an auszuziehen. „Wir haben alles, wirklich alles Erdenkliche versucht, um ihn aus der Wohnung rauszukriegen", erzählt seine Tochter Asiye Sel, die wie ihre vier Geschwister schon lange nicht mehr bei ihrem Vater lebt. Aber er bleibt standhaft. „Du verstehst das nicht", sagt er immer wieder zu ihr.

1973 kommt Cafer Ilkay aus dem kurdischen Teil der Türkei als Gastarbeiter nach Österreich, 1974 zieht er in das Haus in der Esterházygasse 6; zunächst in eine kleine Hausmeisterwohnung im Keller. 1977 holt er Frau und Kinder nach, irgendwann bekommt die Familie eine kleine Wohnung im ersten Stock. „Drei meiner Geschwister wurden in dem Haus geboren, meine Mutter ist dort sehr jung gestorben. Dieses Haus hat eine Geschichte für uns", erzählt Asiye Sel. Vor kurzem erst ist ihr Vater in Pension gegangen, nach 43 Jahren als Bauarbeiter. In dieser Wohnung will er seinen Ruhestand verbringen. Und nun droht eine Baustelle ihm das zu zerstören.

Sein Paradies ist eine staubige kleine Wohnung ohne Toilette. Und die am Gang haben sie ihm weggerissen. „Es wurde ihm eine Schüssel in die Wohnung gestellt. Die Schikanen kann ich gar nicht beschreiben", sagt Sel. Vor einer riesigen Staubwolke habe sich ihr Vater zuletzt erst retten müssen, als ein Kamin ohne Ankündigung abgerissen wurde. Immer wieder sei es zu Rohrbrüchen gekommen, die Wände haben Risse. Das gesamte Haus soll generalsaniert werden, es hat neue Eigentümer bekommen. Nach und nach sind die Mieter ausgezogen, nur Ilkay bleibt. Er, den seine Freunde den Türken nennen, und Jackob Barnea, den sie den Israeli nennen, weigern sich zu gehen. Barnea betreibt im Keller einen Oldtimer-Verleih, Ilkay ist der Einzige, der in dieser Baustelle wirklich lebt. „Die Wohnung war für den Umbau zentral", sagt Barnea. Er hat bis heute seinen Oldtimer-Verleih im Keller, noch immer zieht er regelmäßig gegen den Hauseigentümer vor Gericht.

Das gesamte Haus ist damals durch ein Gerüst verdeckt, es soll einen Aufbau bekommen. Cafer Ilkay wird eine Ersatzwohnung im achten Bezirk angeboten, aber er weiß nicht, was aus seiner Wohnung werden wird, und lehnt das Angebot ab. „Da draußen kann eine Baustelle sein, aber in meiner Wohnung ist es der Himmel", sagt er zu seiner Tochter. Den Mietern drohen keinerlei Gefahren durch den Umbau, versichert die Hausverwaltung in einem Schreiben vom Juni 2014. Geheuer war Ilkay die Situation trotzdem nicht.

„Mein Vater hat wahnsinnige Angst gehabt", erzählt seine Tochter. „In der Früh, hat er gesagt, ist es am schlimmsten – und in der Früh ist er dann gestorben." Es passiert am 2. August 2014, die genauen Umstände seines Todes sind bis heute nicht geklärt. Zwischen sieben und acht Uhr ist er bei der Bäckerei Ströck in der Pilgramgasse, wie so oft. Das hat Asiye Sel später dort erfragt, nicht die Polizei. Eine Nachbarin erzählt, sie habe ebenfalls etwa zwischen sieben und acht Uhr Früh Schreie und scheppernde Gitter gehört, später auch noch Hammerschläge. Sie sei nicht aufgestanden, weil der Lärm der Baustelle für sie nichts Ungewöhnliches gewesen sei. „Die Arbeiter haben gesagt, sie haben die Schreie nicht gehört. Sie hätten alle am Dach gearbeitet. Aber die Nachbarin weit weg hört es", erzählt Asiye Sel fünf Jahre später. Sie glaubt den Bauarbeitern nicht. Der Tod ihres Vaters beschäftigt sie weiterhin; und dass sich niemand wirklich dafür interessiert hat, wie er umgekommen ist. „Wie können sie die Baustelle verlassen, ohne ihn zu sehen?" Sie hat an diesem Sonntag vergeblich versucht, ihren Vater zu erreichen. „Ich hab' mir gedacht, vielleicht ist er schon früher in die Sauna gefahren" – dort hat ihr Vater seine Samstage am liebsten verbracht, meist von etwa 14 bis 18 Uhr.

„Aber dann hat mich der Jackob angerufen und gesagt: Wir haben deinen Vater tot gefunden." Er findet ihn gegen 13 Uhr, mit einem Freund wollte er sich um Feuchtigkeitsschäden kümmern, die durch den Umbau entstanden sind. Cafer Ilkay liegt auf dem Bauch im Haupteingang der Baustelle, erdrückt von schweren metallenen Baustellengittern. Barnea hebt die Gitter hoch, die schon wochenlang herumgestanden sind, damit sein Freund den Puls fühlen kann. Als er keinen ertastet, ruft er die Polizei. An der Wand sind Blutspuren, neben ihm liegen Cafer Ilkays Sandalen und seine Brille. Er trägt keinen Schlüssel bei sich, seine Wohnung steht offen.

Um in diesen Bereich des Hauses zu kommen, hätte er eigentlich einen Schlüssel gebraucht. Und niemals, erzählt seine Tochter, habe er sein Paradies verlassen, ohne abzuschließen. Er trägt ein Pyjamaoberteil, keine Straßenkleidung. „Wir durften nicht zu ihm, wir haben nur Blutspuren an den Wänden gesehen", erzählt sie. Die Gitter seien offensichtlich nicht befestigt gewesen. Aber es wäre ihm sowieso nie eingefallen, die Baustelle zu betreten; und schon gar nicht in Sandalen, erzählt seine Tochter. Auf der Baustelle habe es zwar eine mobile Toilette für die Arbeiter gegeben, aber die habe er nie benutzt, das hätten ihr die Arbeiter auch bestätigt. Bis heute weiß sie nicht, wie ihr Vater dorthin gelangt ist. „Ich kann nur sagen, es war kein normaler Tod."

Die Totenbeschauärztin kreuzt auf dem Totenschein in der Kategorie „Äußere Gewalthinweise" den Punkt „Sonstiges (z. B. Würgemale, Abwehrspuren)" an, ganz sicher ist sie sich aber nicht: „ev. Hals fraglich" schreibt sie handschriftlich dazu. Die Polizei vermerkt, „im Halsbereich (Vorderseite bis etwa Höhe der Schultern bzw. Schlüsselbeine) finden sich ungewöhnlich starke Abdrücke des Saums (Abschlussnaht am Hals/Kragen) des vom Verstorbenen getragenen Sweatshirts, welche teilweise sogar kleine Blutunterlaufungen hervorgerufen haben." In der Wohnung wird ein Schlüsselbund mit Blutspuren sichergestellt, darüber hinaus habe es keine Spurensicherung seitens der Polizei gegeben, sagt Asiye Sel. Erst einige Tage später findet Ilkays

Familie seinen Baseballschläger in der Wohnung, an dem sie ebenfalls Blutspuren vermuten, und übergibt ihn der Polizei. Der Todesfall wird als bedenklich eingestuft. „Die Polizisten haben gesagt, dass sie das auch komisch finden, aber sie haben nichts gemacht", sagt Asiye Sel.

Jackob Barnea findet es mehr als nur komisch, auch er hat Angst. „Die Baustellengitter hatten keine Berechtigung umzufallen", sagt er und meint: Die sind nicht von alleine umgefallen. Am 8. August, sechs Tage nach dem Tod von Ilkay, bittet ihn ein Bauarbeiter, ihm das Haustor aufzusperren. Er vermutet, schreibt er der Polizei nach der Begegnung, „dass dieser Bauarbeiter mich im Zuge des Aufsperrversuchs oder dann im Hausflur von hinten unbeobachtet und uneinsehbar attackieren wollte. [...] Ich befürchte, dass vielleicht der Tote Cafer Ilkay in ähnlicher Weise aus seiner Wohnung gelockt worden war und in weiterer Folge ‚zufällig' unter das schwere Baumaterial zu liegen kam." Er holt eine Pistole aus der Jackentasche, die hat er sich damals zugelegt, und 2019 trägt er sie immer noch bei sich. „Immer schussbereit", sagt er. Er engagiert nach dem Vorfall ein Security-Unternehmen, um sein Lokal nachts zu bewachen, wenn er nicht da ist. Asiye Sel fühlt sich vom Hauseigentümer bedrängt: „Er hat uns Druck gemacht, dass wir die Wohnung zurückgeben. Die waren sowas von hart und unmenschlich zu uns, ich kann das kaum in Worte fassen."

Die Obduktion ergibt einen Tod „infolge Erstickens im Herz-Kreislauf-Versagen". Der Todeszeitpunkt kann nicht mehr festgestellt werden, Verletzungen am Hals sieht der Gerichtsmediziner nicht: „Spuren für, über den Einklemmungsvorgang hinausgehende, äußere Gewalteinwirkungen bzw. Misshandlungen haben sich nicht ergeben." Die Staatsanwaltschaft leitet Ermittlungen gegen unbekannte Täter ein, zunächst wegen des Verdachts auf fahrlässige Tötung. Danach passiert, wie so oft: erstmal gar nichts. Nur Erich Dimitz wandert Tag für Tag zum Haus, um einen Zettel aufzuhängen. Einmal, erzählt er, spricht ihn der neue Eigentümer des Hauses erbost an: „Sie sagen, ich bin ein Mörder!" Nein, habe er geantwortet: „Ich hab' nur geschrieben, dass Sie auf Ihrer Baustelle nicht aufpassen." Am 3. September 2014 wird vor dem Haus eine Mahnwache abgehalten, am 17. April 2015 eine zweite: weil noch immer nichts passiert ist. Die Staatsanwaltschaft, diesen Eindruck hat Ilkays Tochter, unternimmt erst etwas, wenn ihr Druck gemacht wird. Sie wendet sich an die Medien, *Der Standard*, der ORF und viele weitere berichten. Die Nachbarin, die die Schreie gehört haben will, macht sie selbst ausfindig, nicht die Polizei. „Wir mussten alle Leute selbst eruieren", sagt sie.

Am 20. März 2015, fast acht Monate nach dem Tod ihres Vaters, kurz nachdem Asiye Sel offene Fragen bei der Staatsanwaltschaft deponiert hat, beantragt diese eine Analyse des Schlüssels und des Baseballschlägers beim Wiener DNA-Labor. Der Fall scheint durch die Ermittlungen aufgewertet: Es wird nun auch nach Paragraph 75 ermittelt: Mord. Die DNA-Analyse ergibt allerdings nicht viel: Weder die Substanz am Baseballschläger noch jene am Schlüsselbund kann als Blut identifiziert werden. Das heißt entweder, dass an den Gegenständen kein Blut war, oder aber, dass an den Proben zu geringe Spuren an Blut vorhanden waren, wie das Labor in seiner Analyse schreibt. Die DNA-Spuren auf dem Schlüssel wurden Cafer Ilkay zugeordnet, jene auf dem Baseballschläger sind zu gering, als dass ein DNA-Profil erstellt werden kann. Am ehesten sind sie zwei weiblichen Personen zurechenbar. Jackob Barneas Freund Wolfgang P., der Cafer Ilkays

Leiche zunächst entdeckt hat, wird erst am 1. April 2015 befragt. Es habe Wochen gedauert, bis er selbst überhaupt einvernommen wurde, sagt Barnea.

Es dauert fast ein Jahr, bis zum 30. Juni 2015, bis die Staatsanwaltschaft bekannt gibt: „Mangels jeglicher Hinweise auf Fremdverschulden am Tod des Opfers Cafer Ilkay war sohin das diesbezügliche Ermittlungsverfahren gegen UT [unbekannte Täter, Anm.] wegen § 80 StGB gemäß § 190 Z 2 StPO einzustellen." Die Arbeiter auf der Baustelle geben bei ihren Befragungen an, dass sie vom Vorfall nichts bemerkt haben, zudem sei nicht nachgewiesen, dass das Geräusch, das die Nachbarin hörte, jener Vorfall gewesen sei, durch den Ilkay ums Leben kam. Weshalb für die Staatsanwaltschaft „im Zweifel davon ausgegangen werden muss, dass der Vorfall sich erst ereignete, als die Bauarbeiter bereits gegangen waren". Es sei „durchaus möglich", dass der Vorfall ein Unfall gewesen sei – weshalb die Ermittlungen eingestellt werden. Auch Fahrlässigkeit konnte keine festgestellt werden, laut einem Bauarbeiter seien die Baustellengitter mit ein wenig Draht gesichert gewesen.

Die Anwältin der Hinterbliebenen, Nadja Lorenz, versucht eine Fortführung des Verfahrens zu erreichen: Während die Staatsanwaltschaft den Aussagen eines Bauarbeiters folgt, dass die Baustellengitter gut gesichert waren, sagt Jackob Barnea das Gegenteil; er kann das auch durch ein Foto belegen, das wenige Tage vor Ilkays Tod aufgenommen wurde. Barneas Freund Wolfgang P. hatte sogar ein Mail an die Baupolizei (MA 37) geschickt, um auf die Mängel auf der Baustelle hinzuweisen. Lorenz beklagt auch, dass wichtige Zeugen zu entscheidenden Sachverhalten erst gar nicht befragt wurden. Wie es sein konnte, dass die Brille und die Sandalen von Ilkay neben ihm lagen, sei durch die Staatsanwaltschaft ebenfalls nicht ermittelt worden, beklagt Lorenz. Ohne Erfolg.

„Es ist nichts passiert, wirklich nichts", sagt Asiye Sel. Die Ermittlungen werden nicht mehr fortgeführt. Fünf Jahre später plagt die Kinder von Cafer Ilkay immer noch die Ungewissheit. Wie Cafer Ilkay starb, wird vielleicht nie geklärt werden.

Jemand muss nachgeholfen haben:
Der Fall Daniela B.

Es ist kurz nach Mitternacht, als sie gefunden wird. Sie liegt regungslos auf der Fahrbahn der Brentenmaisstraße bei Pressbaum in Niederösterreich. Die Lenkerin des Pkw, die sie gefunden hat, verständigt um 0.26 Uhr die Rettung, die bereits um 0.35 Uhr an der Fundstelle eintrifft. Es ist nichts mehr zu machen. Um 0.57 am 20. April 2007 kann die Notärztin nur noch den Tod feststellen. Daniela B. ist offenbar vom Aquädukt der 2. Wiener Hochquellleitung gesprungen. Bereits am kommenden Tag um 10.50 Uhr wird die Leiche freigegeben und am 27. April ohne Obduktion eingeäschert.

Es ist ein Tod, der niemanden überrascht. Daniela B. wird in Regensburg in wohlhabende Verhältnisse geboren, sie kommt 1987 nach Wien, um an der Technischen Universität Mathematik zu studieren. Sie überlegt zu dissertieren, gibt den Plan aber wieder auf – wahrscheinlich fühlt sie sich dazu nicht mehr in der Lage. Sie muss auch nicht. Ihr Vater unterstützt sie, kauft ihr eine Eigentumswohnung in Wien, um Geld muss sie sich nie sorgen. Ein unbeschwertes Leben hat sie trotzdem nicht: Ihre Mutter liegt drei Jahre im Wachkoma, bevor sie 1988 stirbt und Daniela ein beträchtliches Vermögen hinterlässt. Ihre beste Freundin verunglückt 1994 mit dem Motorrad. Sie überlebt nur knapp und unter schlimmen Schmerzen. Noch im selben Jahr wirft sie sich vor einen Zug.

Daniela B. verfällt zusehends in Depressionen, sie klagt über Krankheiten, die weder diagnostiziert noch geheilt werden können. Ihr Körpergewicht verdoppelt sich – Medikamente, Alkohol, fehlende Bewegung. In den letzten Jahren vor ihrem Tod engagiert sie Studentinnen, die die Aufgabe haben, ihre Wohnung zu putzen und für sie einzukaufen; hauptsächlich aber: für sie da zu sein, mit ihr zu kochen, sie zu unterhalten. Es habe sie mittlerweile mehrere Minuten gekostet, sich ihre Schuhe selbst zu binden, berichten ihre Helfer nach ihrem Tod. Die Wohnung hat sie zuletzt kaum mehr verlassen, die drei Stockwerke hinaufzusteigen habe rund 15 Minuten gedauert. Zumindest einmal, am 8. Februar 2006, wird sie auf der Baumgartner Höhe eingeliefert. Diagnose: „depressives Zustandsbild im Rahmen einer wahnhaften Störung". Sie verlässt das Spital noch am selben Tag, weil sie es dort nicht aushält, kehrt aber am 10. Februar in halbstationäre Betreuung zurück. Drei Tage darauf bricht sie auch diese ab. Etwas mehr als ein Jahr später ist sie tot.

Von den hunderten Fällen, an denen er gearbeitet hat, ist der von Daniela B. einer, der dem pensionierten Detektiv Walter Pöchhacker bis heute nicht aus dem Kopf geht. Obwohl er in seiner Karriere wirklich vieles erlebt hat. Er sitzt tief in einem gepolsterten Sessel in seiner Kanzlei im dritten Bezirk, blättert durch die dicken Aktenordner. Ihm gegenüber sitzt sein Sohn Daniel, der nun die Kanzlei leitet und mit dem er den Fall bearbeitet hat. Noch heute, mehr als zehn Jahre später, regt der Fall die beiden auf. Weil er so offensichtlich scheint; und es doch nicht ist. Niemand bezweifelt, dass Daniela B. sterben wollte. Aber wer ein bisschen genauer hinschaut, erkennt schnell: Die Dinge sind nicht so, wie sie scheinen. Zumindest nicht genau so. Pöchhacker ist bis heute felsenfest davon überzeugt, dass jemand nachgeholfen haben muss. Und dass diese Person davongekommen ist.

Gegen 2 Uhr morgens wird die Leiche abtransportiert. Eineinhalb Stunden später, gegen 3.30 Uhr, klopft die Polizei an der Tür eines Hauses, das nur ein paar hundert Meter entfernt ist: dem Nebenwohnsitz von Martin T. (Name geändert), dessen Eltern dort wohnen. Es ist niemand zu Hause, oder zumindest öffnet niemand die Tür. Gegen 6 Uhr werden im Zuge einer polizeilichen Nachschau die Schuhe der Toten gefunden. Links der Fahrbahn einer, rechts der Fahrbahn der andere. Beide zugebunden. Keine Socken. Die Polizei versucht das Auto der Toten zu finden, scheitert aber. Wie Daniela B. zur Brentenmaisstraße gekommen ist, weiß niemand. Gegen 8.30 Uhr wird jener Mann einvernommen, dessen Nummer die letzte war, die sie wählte: Martin T. Er identifiziert die Leiche und kann auch die Schuhe zuordnen. Er sagt bei der Polizei aus, dass sich Daniela B. schon länger mit Selbstmordgedanken getragen habe, und dass sie gerade erst aus der Psychiatrie entlassen worden sei, in die sie sich zwei Tage zuvor begeben habe. Er habe sie am Tag vor ihrem Tod dort abgeholt, weil sie als geistig gesund entlassen wurde. Der Vater der Verstorbenen, der in der Schweiz lebt, stellt Martin T. auch eine Vollmacht aus, damit er sich um die Formalitäten rund um den Tod seiner Tochter kümmern kann. Um 10.50 berichtet die Polizei an die Staatsanwaltschaft: „Aufgrund des Erhebungsergebnisses kann Fremdverschulden ausgeschlossen werden."

Den Plan, ihrem Leben ein Ende zu setzen, hat Daniela B. schon lange gefasst. Etwa zwei Jahre vor ihrem Tod wird sie überzeugte Buddhistin, der Gedanke an Wiedergeburt ist ein tröstlicher: Vielleicht läuft nächstes Mal alles besser. Aber ihr neu gefundener Glaube stellt sie vor ein großes Problem: Der Buddhismus erlaubt keinen Suizid. Das war nicht das Einzige, was sie einen Suizid fürchten ließ: Oft habe sie gescherzt, so erzählt es eine der Studentinnen, dass sie nicht von der Straße gekratzt werden wolle. Sie findet einen Ausweg, der mit dem Buddhismus in Einklang zu bringen ist, jedenfalls hält sie es für einen. Er lautet „Dignitas – Menschenwürdig leben – Menschenwürdig sterben"; jener Schweizer Verein, der Sterbehilfe anbietet, die dort im Gegensatz zu Österreich legal ist.

Dignitas wurde 1998 vom Journalisten und Rechtsanwalt Ludwig Minelli in Zürich gegründet; er sieht sich als Kämpfer für einen selbstbestimmten Tod: Jeder Mensch, findet er, solle den Zeitpunkt seines Todes selbst bestimmen dürfen. Bis 2016 haben 2.328 Personen bei Dignitas die Freitodbegleitung in Anspruch genommen, darunter 51 Personen aus Österreich. Einer von ihnen war der Schauspieler und Grünen-Politiker Herbert Fux, der seinen Giftcocktail im Stehen einnahm und nicht wie üblich liegend.

Jenes Medikament, das zum Tod führt, ein Barbiturat, wird von Dignitas zur Verfügung gestellt. Die Sterbewilligen werden von Dignitas als Menschen bezeichnet, die „gehen wollen". Vom Verein werden sie auf eine „große Reise" geschickt. Wer die Dienste von Dignitas in Anspruch nehmen will, muss zuvor Mitglied des Vereins werden. Am 19. Mai 2006 wird Daniela B. als neues Mitglied begrüßt. Aktuell beträgt die Eintrittsgebühr 200 Schweizer Franken und die jährliche Mitgliedsgebühr 80 Schweizer Franken.

Als Voraussetzungen für eine Freitodbegleitung nennt Dignitas neben der Mitgliedschaft, dass eine Person „urteilsfähig sein" muss sowie eine „zum Tode führende Krankheit; oder / und eine unzumutbare Behinderung; oder / und nicht beherrschbare Schmerzen haben muss". Bei Daniela B., der eine „wahnhafte Störung" diagnostiziert wurde, lag weder eine zum Tod führende Krankheit noch eine unzumutbare Behinderung vor; die

Urteilsfähigkeit ist zumindest infrage zu stellen. Unzumutbare Schmerzen diagnostizierte sie sich zumindest selbst. Ihr Hausarzt übermittelte ihr im Mai 2006 ein Schreiben, wahrscheinlich war es für Dignitas gedacht:

„Da die Patientin einen hohen Leidensdruck hat und sehr verzweifelt ist, andererseits aber von der Schulmedizin keine Besserungs oder Heilungsmöglichkeiten in Aussicht gestellt werden können, verstehe und respektiere ich ihren Wunsch, sich die Option zu eröffnen, Ihrem [sic] Leben zu einem von ihr gewählten Zeitpunkt ein Ende zu setzen."

Es ist ein sehr offen formulierter Satz, vermutlich absichtlich: Mitwirkung am Selbstmord ist in Österreich nach Paragraph 78 des Strafgesetzbuchs verboten. „Wer einen anderen dazu verleitet, sich selbst zu töten, oder ihm dazu Hilfe leistet, ist mit Freiheitsstrafe von sechs Monaten bis zu fünf Jahren zu bestrafen." Die Rechtspraxis legt das hierzulande streng aus: Für Daniela B. eine Reise in die Schweiz zu Dignitas zu organisieren, könnte bereits strafbar sein, sagt der Salzburger Strafrechtsprofessor Kurt Schmoller: „Allerdings ist die Rechtslage in diesem Bereich unsicher und noch nicht hinreichend geklärt." In Klagenfurt steht 2007 ein Mann vor Gericht, der seine an ALS – unheilbarem Muskelschwund – erkrankte Frau zu Dignitas in die Schweiz begleitet; und aufgrund ihrer Krankheit auch ihre Reise organisiert. Er wird ob der Umstände „unter Berufung auf entschuldigenden Notstand freigesprochen".

Bloß: Für andere Fälle muss das nicht gelten. „Es ist nicht gesagt, ob erneut die Voraussetzungen einer Entschuldigung angenommen werden", sagt Schmoller. Vor allem wenn die Person, die sich für eine Freitodbegleitung entscheidet, nicht todkrank ist.

Könnte dieser Brief alleine schon eine Mitwirkung am Selbstmord sein? Eher nicht, sagt Kurt Schmoller: „Es müsste einerseits die Kausalität nachgewiesen sein, dass also der Brief kausal mit dem Tod in Verbindung zu bringen ist, genauso müsste der Vorsatz des Arztes gegeben sein."

Die Vorbereitungen für ihren Tod nimmt Daniela B. sowieso selbst in die Hand: Im September 2006 sucht sie bei der Buddhistischen Gesellschaft Österreichs um ein Urnengrab im buddhistischen Teil des Zentralfriedhofs an. Sie plant ihren Abgang akribisch, schreibt ihre Parte, bei der sie nur das Datum freilässt. Auf ihrem Grabstein soll stehen:

„Unser ganzes Dasein ist flüchtig wie die Wolken im Herbst;
Geburt und Tod der Wesen erscheinen wie Bewegungen im Tanz.
Ein Leben gleicht dem Blitz am Himmel,
es rauscht vorbei wie ein Sturzbach den Berg hinab."
(Shakyamuni Buddha)

Das nächste Leben beschäftigt sie ebenfalls. Handschriftlich hat sie eine Liste verfasst:

Meine Wünsche

Bald und gut sterben
Gesunder Körper
Schöner Körper + kleiner Busen
Liebevolle Eltern
Buddhistischer Lama / Lehrer
Psychotherapie
Mein Geld wiederbekommen

Reinkarnation finden oder Kind von S. werden
Gute Ausbildung
Gutes Land

Aber auch in diesem Leben möchte sie noch etwas erleben: Im Oktober 2006 fliegt sie nach Nepal, um einen Lama zu treffen, einen buddhistischen Geistlichen. Sie fasst neuen Lebensmut, übernimmt Patenschaften für rund 25 Kinder in Nepal, Tibet und Indien. Neben Geld schickt sie Geschenke – einen Laptop oder eine Kamera –, die Briefe und Fotos ihrer Schützlinge sammelt sie in Ordnern.

Der Lebenswille währt offenbar nicht lange. Anfang Jänner 2007 nimmt sie mit Dignitas Kontakt auf, für den 12. Februar vereinbart sie einen provisorischen Termin für das, was dort mit FTB abgekürzt wird: eine Freitodbegleitung. Doch schon am 11. Jänner geht bei Dignitas ein anonymes Mail ein, das den Verein warnt: Die Arztbestätigungen seien nicht korrekt. Daniela B., seitens Dignitas damit konfrontiert, leugnet das. Ihren Tod am 12. Februar sagt sie von sich aus ab.

Anfang April 2007 erbittet sie einen neuen Termin: Am 19. April soll es so weit sein. Ein Freund werde sie begleiten, Martin T., ein Ex aus Studientagen, der mittlerweile wieder ihre wichtigste Bezugsperson ist. Auch er schickt Dignitas eine „persönliche Zustandsbeschreibung" von Daniela B., in der er sich selbst als „engste Vertrauensperson als auch Lebensberater" bezeichnet. Er beschreibt eine leidende Person, aber keine todkranke: Aufgedunsen sei sie, deshalb seien tägliche Verrichtungen mühsam. Permanente Schmerzen würden es ihr verunmöglichen, mehr als zwanzig Minuten in derselben Stellung zu verharren. Sie kann „weder einem Beruf nachgehen, noch sich auf Dauer sinnvoll und ihren Interessen entsprechend beschäftigen", schreibt er.

Und schließt: „Ich werde in Frau B. eine ganz liebe und herzliche Freundin verlieren, kann aber, nach Beobachtung ihres Leidensweges, ihren Entschluss voll und ganz verstehen." Ihm hat sie bereits im Dezember 2006 ihre fast 94 Quadratmeter große Wohnung im siebten Wiener Gemeindebezirk zu einem Preis von 119.500 Euro verkauft – wobei mehrere Personen in Daniela B.s Umfeld vermuten, dass es sich dabei um eine verdeckte Schenkung handelt. Das legen auch Kontoflüsse nahe, die nach ihrem Tod rekonstruiert werden konnten.

Martin T. ist ab 2. März 2007 auch Alleinbegünstigter einer Stiftung, in der sie ihr Vermögen parkt, und die sie dazu nutzt, ihre Patenkinder zu unterstützen. Die Stiftung selbst ist nicht zweckgebunden, die Begünstigung von Martin T. damit auch nicht – er kann über das Vermögen walten und schalten, wie es ihm beliebt. Es sei jedenfalls Daniela B.s Wunsch gewesen, dass die Patenkinder auch nach ihrem Tod finanziell unterstützt werden.

Wenige Tage vor ihrem geplanten Sterbetermin, wenige Tage vor ihrem Tod, ruft sie ihre Psychiaterin an: Sie benötigt für Dignitas ein Attest – um sterben zu können. Die Psychiaterin soll ihre Urteilsfähigkeit bestätigen. Diese weigert sich. Als Daniela B. wenige Tage später zu einem Termin bei ihr nicht auftaucht, sieht die Psychiaterin Gefahr im Verzug: Sie teilt Dignitas telefonisch und per Fax mit, dass Daniela B. nicht urteilsfähig sei und droht dem Verein mit rechtlichen Konsequenzen, sollte die FTB tatsächlich stattfinden. Letzten Endes kann sie selbst verhindern, dass Daniela B. den Termin wahrnehmen kann: Am 17. April, zwei Tage vor dem FTB-Termin, wird Daniela B. vom Samariterbund in Begleitung eines Amtsarztes wegen akuter Suizidgefahr zwangsweise auf die Baumgartner Höhe transportiert – ihre Psychiaterin hat die Behörden eingeschaltet.

Dort angekommen, wird Daniela B. eingewiesen, offenbar unter lautstarkem Protest; sie muss in einem Gitterbett fixiert werden und verlangt immer wieder, nach Hause gehen zu dürfen. Eine Freundin, die sie zu Hilfe ruft, darf sie zwar nicht sehen, berichtet aber davon, sie schreien und toben gehört zu haben. Martin T. sagt unterdessen bei Dignitas den Sterbetermin ab, weil Daniela B. aufgrund ihres Klinikaufenthalts nicht in die Schweiz reisen könne. Jedenfalls vor dem Klinikpersonal gibt sie sich am 18. April geläutert:

„In einem Gespräch am späten Vormittag des 18. April 2007 zeigt sich die Patientin dann von Suizidabsichten distanziert. Der frühere Lebensgefährte der Patientin meldet sich telefonisch und kündigt an, am Abend kommen zu wollen. Dies wird der Patientin mitgeteilt, woraufhin diese sichtlich erleichtert ist."

Nach einem gemeinsamen Gespräch mit Martin T. und den betreuenden Ärzten wird ihr die Entlassung in Aussicht gestellt:

„Um cirka 18 Uhr fand dieses Gespräch statt. Sowohl die Patientin als auch der Ex-Lebensgefährte berichteten übereinstimmend vom dichten Betreuungsnetz für die Patientin durch diverse Freunde sowie durch zahlreiche bezahlte Besuchsdienste. Auch sei für die nächste Woche eine Rund-um-die-Uhr-Betreuung durch den Ex-Lebensgefährten gegeben."

Aber Martin T., das wird später eine Rufnummernortung zeigen, hat sie gegen 19 Uhr einfach nur zu Hause abgesetzt und ist losgefahren. Er bestellt eine Freundin von Daniela in die Wohnung, die gegen 19.30 Uhr eintrifft und entsetzt ist über deren Zustand: Daniela ist apathisch, kann sich kaum artikulieren, scheint unter schwerem Medikamenteneinfluss zu stehen. Die Freundin ruft in der Baumgartner Höhe an und will sich darüber beschweren, in welch erbärmlichem Zustand Daniela B. entlassen wurde. Dort sagt man ihr, dass das Spital verpflichtet ist, eine zwangseingewiesene Patientin auf Wunsch eines Verwandten oder Bekannten zu entlassen.

Im Unterbringungsgesetz sind die Voraussetzungen festgeschrieben, unter denen eine Person in einer psychiatrischen Anstalt eingewiesen werden kann: wenn sie psychisch erkrankt ist, wenn eine Gefahr für Leben oder Gesundheit des Erkrankten oder anderer Personen besteht und wenn ausreichende andere Behandlungs- und Betreuungsmöglichkeiten fehlen. Die Versicherung von Martin T., dass eine Rund-um-die-Uhr-Betreuung garantiert sei, hat die Baumgartner Höhe offenbar veranlasst, Daniela B. zu entlassen – um sich nicht dem Vorwurf auszusetzen, eine Patientin rechtswidrig festgehalten zu haben.

Am kommenden Tag, ihrem letzten, steht Daniela B. früh auf, viel früher als sonst immer. Kurz nach 7 Uhr telefoniert sie bereits zweimal mit Martin T. Um 9.15 Uhr ruft sie bei Dignitas an. Laut deren späterer Auskunft habe sie gesagt, dass sie die Welt nicht mehr verstehe und wissen wolle, wann sie ihren geplatzten Termin wahrnehmen könne. Dignitas habe sie informiert, dass eine Bestätigung ihrer Urteilsfähigkeit benötigt wird. Sie habe verwirrt gewirkt.

Gegen 20 Uhr telefoniert sie zum letzten Mal mit ihrem Vater, der in der Schweiz lebt. Die Baumgartner Höhe, beschwert sie sich bei ihm, habe ihr den letzten Rest an Menschenwürde und Lebenswillen geraubt. Im Zuge des etwa zweistündigen Gesprächs habe er ihr dazu geraten, viel zu trinken und zu schlafen, um wieder einen klaren Kopf zu bekommen. Danach, um 22.44

Uhr, ruft sie noch einmal Martin T. an, der Anruf dauert lediglich sechs Sekunden. War er ein verabredetes Zeichen?

Um 23.10 Uhr greift sie erneut zum Telefon, wählt die Nummer 40100 und besteigt wenig später ein Taxi. Beim Einsteigen grüßt sie nicht, sondern sagt nur „Brentenmaisstraße, Pressbaum", so wird es der Lenker des Taxis später erzählen. Seine Erinnerung an den seltsamen Fahrgast ist noch lebhaft. Die Route ist ihr egal, sie hat so müde gewirkt, dass er ihr ein Red Bull angeboten hat. Sie lehnt ab und stellt ihm eine große Frage: Ob er glücklich sei. Unter einer Brücke der Brentenmaisstraße gibt sie die Anweisung, stehenzubleiben. Sie beschwert sich angesichts des Betrags von 50 Euro und erklärt, dass sie dieselbe Strecke schon günstiger gefahren sei. Trotzdem gibt sie zwei Euro Trinkgeld und steckt die Rechnung ein. Als sie aussteigt, lässt sie die Tür offen.

Es ist 23.50 Uhr, als sie aussteigt; die Ankunftszeit wird per Funk an die Taxizentrale übermittelt. Der Fahrer steigt aus, um die Tür zu schließen und eine zu rauchen. Er beobachtet den Lichtkegel einer Taschenlampe, mit der sich Daniela B. offenbar den Weg durch die Finsternis bahnt. Als er auf der Rückfahrt in Pressbaum tankt, verlassen gerade zwei Polizisten den Shop der Tankstelle. Er überlegt kurz, ob er sie auf den seltsamen Fahrgast ansprechen soll, unterlässt es aber.

Um 0.09 Uhr spricht Daniela B. eine letzte Nachricht auf die Mailbox von Martin T., fast schon aus dem Jenseits. Am nächsten Vormittag wird er aussagen:

„Auf die Mailbox sprach sie wörtlich: ,Ich sitze hier in Pressbaum auf der Brücke und hoffe, sie ist hoch genug.' Danach sagte sie mir noch einige persönliche Dinge, die ich jedoch nicht angeben möchte."

Ob die Polizei diese Angaben jemals überprüft hat, ist nicht bekannt. Den Taxifahrer hat die Detektei Pöchhacker ausfindig gemacht, nicht die Polizei; zwei Anzeigen werden dafür in der *Kronen Zeitung* geschaltet. Auch die Lenkerin des Pkw, die Daniela B.s Leiche gefunden hat, spüren die Detektive auf. Zunächst habe sie vermutet, dass eine Schachtel auf der Fahrbahn liege, erzählt die Lenkerin des Pkw den Detektiven. Sie sieht kurz darauf einen Körper, aber kein Blut, deshalb vermutet sie zuerst, dass es sich um eine Falle handeln könnte. Dass sie jemand ausraubt, wenn sie aussteigt. Sie ist Wirtin und hat die gesamte Tageslosung dabei. Weil ein Schal über dem Gesicht liegt, habe sie zunächst auch nicht erkennen können, ob es sich um einen Mann oder eine Frau handle. Was ihr sofort aufgefallen ist: die seltsame Lage der Toten mit ausgestreckten Armen über dem Kopf. Die eintreffende Rettungsmannschaft unternimmt vergebliche Reanimationsversuche, bevor sie den Tod feststellt. Die Notärztin vermerkt eine offene Schädelfraktur, Serienrippenbrüche und einen instabilen Thorax.

Am 23. April, drei Tage nach dem Tod, lässt der Vater von Martin T., ein bekannter Jurist, eine Feuerbestattung beantragen. Daniela B.s Vater wird über diesen Schritt nicht in Kenntnis gesetzt. Eine Freundin seiner Tochter schreibt ihm am 30. April:

„Ich bin der Meinung, dass Daniela sich nicht umgebracht hätte, ohne Einflüsse von Außen. Um zu verhindern, dass Martin mit Daniela in die Schweiz fährt, hätte ich ihn beinahe bei der Staatsanwaltschaft angezeigt, zumindest auf Verdacht einer strafbaren Handlung. Ich habe das Daniela gesagt und sie war sehr sauer auf mich."

Als Daniela B. am 5. Mai auf dem buddhistischen Teil des Wiener Zentralfriedhofs beigesetzt wird, sind die meisten ihrer

Freunde der Meinung, sie hätte den FTB-Termin in der Schweiz wahrgenommen. Von ihrem Suizid erfahren viele erst auf dem Friedhof. Noch am Tag vor der Beisetzung wird der aus der Schweiz angereiste Vater der Verstorbenen von einem Notar gebeten, eine Erbverzichtserklärung zu unterschreiben. Er ist zunächst irritiert und dann misstrauisch. Drei Tage später beauftragt er die Detektei Pöchhacker, Ermittlungen anzustellen – die Sache kommt ihm mittlerweile seltsam vor. Und je genauer der Detektiv hinsieht, desto mehr muss er ihm recht geben.

Da wäre zum Beispiel das Handy der Verstorbenen: Aus dem sind fast alle Anrufe gelöscht, die an ihrem Todestag an Martin T. gingen – als hätte sie verschleiern wollen, dass sie an jenem Tag in ständigem Kontakt waren. Brisanter noch: Der Laptop von Daniela B. ist verschwunden – und Martin T. war einer der wenigen, die einen Schlüssel zur Wohnung hatten. Auf dem Laptop waren alle Kontaktadressen der Schützlinge von Daniela B., die mit der Stiftung unterstützt werden sollten. Auch die Ordner mit den Korrespondenzen und Fotos sind plötzlich leer. Ohne Kontakte ist es Martin T. nicht möglich, den Stiftungszweck zu erfüllen: Er weiß ja nicht, wohin mit dem Geld.

Die größten Ungereimtheiten finden sich aber in den letzten Minuten von Daniela B.: Nicht nur, dass sie in ihrer körperlichen Verfassung einen mehr als beschwerlichen Weg hinauf zum Aquädukt vor sich hatte. Oben angekommen findet sie eine Absperrung vor, die eben genau zum Ziel hat, potenzielle Selbstmörder abzuschrecken, die sich 22 Meter in die Tiefe stürzen wollen. Selbst für einen sportlichen Menschen ist es eine Herausforderung, sie zu überwinden. Detektiv Pöchhacker ist überzeugt: Das hat sie nicht alleine geschafft, sie muss dabei Hilfe gehabt haben. Außerdem: Wieso trug sie keine Socken, was sie st immer tat? Wie ist die seltsame Lage zu erklären, in der ... Leiche gefunden wurde, mit den Händen über dem Kopf? Wurde sie nach dem Sprung noch gezogen? Warum ist sie nun doch von einer Brücke gesprungen, wo der Suizid doch mit ihrem Glauben und ihrem Wunsch nach Wiedergeburt nicht vereinbar war – und sie doch explizit sagte, sie wolle nicht von der Straße gekratzt werden?

Und über alledem schwebt noch eine andere Frage: Wenn Martin T. seine Freundin Daniela B. unter dem Versprechen einer Rund-um-die-Uhr-Betreuung aus der Psychiatrie geholt hat und sie zwei Tage später tot ist – ist nicht allein das schon Mitwirkung am Selbstmord?

„Da müssten Indizien dafür vorliegen, dass Martin T. gerade einen Selbstmord ermöglichen wollte", sagt der Strafrechtler Schmoller: Er müsste „ernstlich für möglich gehalten und sich damit abgefunden haben", dass er die versprochene Rund-um-die-Uhr-Betreuung nicht einhält und sie in diesem Freiraum einen Selbstmord begeht. Was im Fall von Martin T. zumindest nicht ausgeschlossen wäre: Schließlich wusste er um ihre Suizidabsichten und hatte sogar angekündigt, sie zu Dignitas zu begleiten. Für die Klinik, die sie entlassen hat, stünde höchstens die Frage einer Fahrlässigkeit im Raum, die vermutlich dann nicht vorliege, wenn Martin T. glaubhaft eine Betreuung in Aussicht gestellt hat.

Am 23. Mai 2007 schreibt Daniela B.s Vater an Detektiv Pöchhacker. „Die Überraschungen haben kein Ende. [...] Es fällt auf, dass die Löschungen fast ausschließlich Anrufe an M. T. (Martin T., Anm.) betreffen. Was will er verbergen? Alle Anrufe aus der Todesnacht wurden gelöscht ausser dem einen, den M. T. als Alibi anführt, dass er in seinem Bett tief geschlafen habe."

57 Seiten an Ermittlungsergebnissen übermitteln die Detektive an die Staatsanwaltschaft, die die Ermittlungen nun wieder aufnimmt. Auch sie hat nun Zweifel. Beim Landesgericht St. Pölten gehen Anträge zur aktiven und passiven Rufnummernrückerfassung von Daniela B. ein sowie für eine Standortbestimmung der Nummern von Martin T., wobei die Staatsanwaltschaft auch den Standort seiner Festnetznummern orten lassen will – was das Gericht mit der Bemerkung ablehnt, dass „kein zielführendes Ergebnis" zu erwarten sei. Festnetztelefone wechseln ihren Standort nur selten. Zudem wird zunächst nur eine Ortung des Dienst-, nicht aber des Privathandys von T. beantragt – was später nachgeholt wird.

Die Begründung, warum nun doch Ermittlungen angestellt werden: das Naheverhältnis zwischen Daniela B. und Martin T. und dass „aufgrund der Lage des Tatortes und der angeschlagenen Gesundheit der B. es als unwahrscheinlich zu betrachten [ist], dass B. ohne fremde Hilfe zum Tatort, der nur durch Überklettern eines Zaunes zu erreichen war, gelangte".

Am 27. August erhält Daniela B.s Vater ein handschriftliches Testament seiner Tochter, das auf den 19. Oktober 2006 datiert ist: Seine Tochter hat Martin T. nicht nur ihre Stiftung überantwortet, sie hat ihn auch zum Alleinerben ernannt. Das gesamte Vermögen von Daniela B. schätzt ihr Vater auf 1,5 Millionen Euro.

Die Standorterfassung der Handys von Martin T. ergibt nichts Verdächtiges, definitiv ausgeschlossen werden kann damit aber nur, dass eines seiner Mobiltelefone beim Aquädukt der Hochquellwasserleitung war. Weitere Ermittlungen stellt die Polizei nicht an. Der Rechtsanwalt jener Ärztin, die Daniela B. aus der Baumgartner Höhe entlassen hat, schreibt der

Polizei, sie „konnte in keiner Weise erkennen oder auch nur erahnen", dass Martin T. ihre Patientin „in weiterer Folge gänzlich im Stich lassen werde". Martin T. wird von der Staatsanwaltschaft nicht mehr einvernommen. Am 8. Mai 2008 wird das Verfahren eingestellt.

KRANKENHAUS UND PFLEGE

„Die Waltraud wird's schon richten":
Der Fall Lainz

Die Todesengel sind am 7. April 1989 abgestürzt. Um 17.40 Uhr verschickt die Austria Presse Agentur eine „Eilt"-Meldung, die das Land für die nächsten Jahre nicht mehr loslassen wird: „Lainzer Krankenschwestern töteten Patienten."

Die „bisher größte Tötungswelle Europas" nennt es Polizeipräsident Günther Bögl am 9. April, und: „Wir wissen aber noch nicht, wo sie enden wird."

Einen Monat, bevor der Eiserne Vorhang fällt, sorgt die Mordserie in Österreich weltweit für Schlagzeilen. Auf der Titelseite der *New York Times* steht am 18. April 1989: „Killing of 49 Patients By Nurse's Aides Stuns The Austrians." Selbst der Kirchenstaat meldet sich zu Wort, in der vatikanischen Tageszeitung *L'Osservatore Romano* ist in einem Leitartikel davon die Rede, dass die Morde „das moralische Umfeld in einer Kultur widerspiegeln, in der Abtreibung erlaubt und Sterbehilfe als ein zu verwirklichendes bürgerliches Ehrenrecht diskutiert werde". Der steirische Diözesanbischof Johann Weber bezeichnet die Verbrechen als einen „Alarmschrei des verlorenen Gottes".

Es war die 1. Medizinische Abteilung, Station D, Pavillon V des Wiener Krankenhauses Lainz, in dem Gott verloren ging. Bis ins Jahr 1987 gibt es 201 Behandlungsplätze (sie werden danach auf 85 reduziert), die Patienten liegen in Sälen mit 28 Betten. Der

Pavillon ist oft die letzte Station eines Lebens, eine unwürdige. Das Essen wird immer wieder kalt serviert, Patienten, die Hilfe bei der Nahrungsaufnahme benötigen würden, bekommen sie nicht. Ihnen wird das Tablett hingestellt und wenig später wieder abserviert. Patienten liegen in ihrem Kot, die Klingel für die Schwestern ist so hoch angebracht, dass die Patienten sie nicht erreichen können. Es herrscht ein rauer Umgangston, Patienten werden grundsätzlich geduzt.

Waltraud Wagner wird sich später bei ihrem Gutachter beklagen, dass die Nachtschichten ein „Horror" gewesen seien, zu zweit seien sie für 35 Patienten verantwortlich gewesen. „Wissen Sie, was das heißt, alles reinigen, alles waschen, füttern, aufräumen." Die Ärzte hätten sie alleine gelassen. „Die haben uns im Regen stehen lassen. Die Ärzte sind stundenlang nicht gekommen, und wir hatten die schreienden, verwirrten und sich vor Schmerzen krümmenden Menschen vor uns und konnten nichts dagegen tun."

Waltraud Wagner tötet im Pavillon V mit drei weiteren Pflegerinnen über Jahre hinweg – mindestens – dutzende Patienten. Ohne über all die Jahre bei ihren Verbrechen ertappt zu werden. „Der Gedanke, dass es sich dabei um den perfekten Mord handelt, lässt mich nicht mehr los", sagt Polizeipräsident Bögl. Den Täterinnen sei es gelungen, „Methoden anzuwenden, die klinisch kaum oder überhaupt nicht auffällig beziehungsweise nachweisbar sind", erklärt der Wiener Gesundheitsstadtrat Alois Stacher.

Der Fall bringt nicht nur die Überforderung des Personals und seine grausamen Folgen ans Tageslicht, sondern auch, wie schwierig es ist, Tötungsdelikte gerade bei alten und multimorbiden Patienten nachzuweisen. Die Abteilung ist meist überbelegt, das Sterbealter mit 84 bis 85 Jahren nicht auffällig und die Sterberate über die Jahre konstant. Der Chefarzt der 1. Medizinischen Abteilung, Franz Xaver Pesendorfer, unter dessen Verantwortung Pavillon V fällt, hat bei unbekannter Todesursache immer klinische Obduktionen angeordnet: Die Obduktionsrate der verstorbenen Patienten im Pavillon V lag bei rund fünfzig Prozent.

Außerdem gibt es eine „Mauer des Schweigens", wie es Max Edelbacher formuliert, damals Chef der Kriminalpolizei. Die Kollegen müssen zumindest etwas geahnt haben: „Geh mit, dann geht es vielleicht schneller", soll eine Kollegin zu Wagner gesagt haben, als sie auf dem Weg zu einer schwerkranken Patientin ist. Über einen sterbenden Patienten soll es geheißen haben: „Den einen Dienst hat er noch überlebt, der stirbt bei der Waltraud." Und: „Die Waltraud wird's schon richten." Oder: „Er kann nicht sterben, weil die Waltraud nicht da ist."

Die Polizei ermittelt bereits ein Jahr vor den Verhaftungen: Die Hilfspflegerin Dora F. sitzt beim Heurigen und erzählt ihrem Freund, dem Arzt Alois W., nach einigen Gläsern Wein, dass auf ihrem Pavillon Patienten, die Ärger machen, vom Personal ruhiggestellt werden – von Morden ist da noch gar nicht die Rede. Der Arzt hält die Erzählungen für übertrieben, informiert dennoch die Oberärztin, die wiederum Franz Pesendorfer anruft.

Wenige Tage später, am 19. April 1988, verstirbt die 1904 geborene Anna Urban und liefert den ersten konkreten Verdachtsfall für Fremdverschulden: In ihrem Blut wird Rohypnol gefunden. Zudem hat es schon in den Monaten zuvor drei Todesfälle gegeben, bei denen die Todesursache unklar geblieben ist. Am 20. April um 14.15 Uhr informiert Pesendorfer das Bezirkspolizeikommissariat Hietzing über den bedenklichen Todesfall der

Anna Urban, es wird eine gerichtsmedizinische Obduktion angeordnet.

Auch Alois W. wird von der Polizei befragt; er weigert sich aber, seine Freundin als Quelle der Gerüchte preiszugeben. Es dauert bis zum 10. August, bis das Obduktionsergebnis vorliegt: Anna Urban ist der Obduktion zufolge an einer Beinvenenthrombose und einer Lungenembolie gestorben. Es werden in der Folge dieses Obduktionsergebnisses keine weiteren Ermittlungen angestellt. Dienst während des Todes von Urban hatte Waltraud Wagner. Ob der Obduktionsbericht falsch ist oder Anna Urban wirklich kein Opfer von Wagner ist, ist ungeklärt.

Es dauert ein weiteres Jahr, bis die Vorgänge im Pavillon V tatsächlich ans Tageslicht kommen: Bei drei Vorfällen zwischen 15. März und 4. April 1989 wird eine Überdosis Insulin verabreicht, wodurch die Patienten in einen kritischen Zustand kommen – was jeweils von den Stationsgehilfinnen nicht den behandelnden Ärzten gemeldet wurde. „Ich kann mich an die Schwester nicht mehr erinnern. Ich bin kein Diabetiker. Ich habe mich nur gewundert, dass ich eine Spritze bekommen sollte. Dann ist mir ganz schwindlig geworden", erzählt einer von ihnen. Pesendorfer informiert nach den Vorkommnissen die Polizei. Am 7. April werden Waltraud Wagner und Irene Leidolf verhaftet und legen ihr erstes Geständnis ab; wenig später folgen zwei weitere Stationsgehilfinnen, Stefanija Mayer und Maria Gruber.

Wie viele Patienten das Quartett über rund sechs Jahre hinweg tatsächlich getötet hat, wird nie geklärt werden – von Exhumierungen wird in vielen Fällen Abstand genommen, die Todesursache wäre nicht mehr festzustellen gewesen.

Bei den ersten Einvernahmen bestehen die Verhafteten darauf, lediglich den Tod von Patienten beschleunigt zu haben, schnell machen aber auch anderslautende Gerüchte die Runde. Bei gemeinsamen Zigarettenpausen sollen die Pflegerinnen entschieden haben, welcher Patient leben darf und welcher sterben muss, „ein Gratisbett beim lieben Gott" bekommt, so soll es Waltraud Wagner ausgedrückt haben. In ihrer Dienstzeit sterben manchmal sechsmal so viele Patienten wie normal, stationsintern hat sie den Spitznamen „Hexe". Sie müsse wohl eine sein, wenn bei ihr so viele Patienten sterben, soll sie zu Kollegen sagen. „Wir sind fleißig gewesen, wir fahren in den Keller, wir haben schon wieder einen eingepackt", sagt sie einmal zu einer Kollegin im Vorbeigehen – im Keller ist der Totenraum.

Seit 1982 sei ihr bekannt gewesen, dass Wagner Patienten tötet, sagt Irene Leidolf aus – und dass Wagner ihr anhand einer Patientin demonstriert habe, wie tödliche Rohypnol-Injektionen zu verabreichen seien. 1983 habe sie das zum ersten Mal selbst gemacht. Stefanija Mayer soll zu diesem Zeitpunkt bereits in Wagners Machenschaften eingeweiht gewesen sein – und sie unterstützt haben. Später kam die sogenannte „Mundpflege" dazu: Einem Patienten wird Wasser in den Mund geleert, gleichzeitig die Zunge fixiert und die Nase zugehalten. Das Wasser dringt in die Lunge ein, der Patient erstickt. Nicht sofort, sondern innerhalb einiger Stunden, er siecht dahin. Diese Methode sei nur bei Patienten mit Lungenödem angewandt worden – da sei das Wasser in der Lunge nicht aufgefallen. 22 Patienten habe Wagner ab April 1987 so getötet. Meist aber werden unliebsamen Patienten Rohypnol, Valium oder Dominal forte verabreicht. 1989 beginnen sie, nicht zuckerkranken Patienten Insulin zu verabreichen – was sie letztendlich auch aufliegen lässt. Sie vermuten, dass das Insulin nach dem Tod nicht nachweisbar ist. Was sie nicht bedenken: Wird eine Blutzuckermessung noch vor dem Tod durchgeführt, kommt sofort der Verdacht auf, dass die Patienten Insulin verabreicht bekommen haben.

Leidolf vermutet, dass Wagner allein ab Ende 1987 mehr als 100 Patienten getötet hat. Bei ihren Einvernahmen geben die vier Verhafteten an, 49 Patienten „Sterbehilfe" gegeben zu haben, und Wagner sagt, dass diese „ohnehin schon beinahe tot waren". Stefanija Mayers Anwalt sagt vor dem Prozess, dass sich seine Mandantin nicht als Mörderin sehe: „Für sie ist ein Mord was anderes. Vielleicht wenn man jemandem Geld weggenommen hat, den Ehepartner verführt hat oder sonst ein Motiv hat – aber was sie tat, wertet sie für sich selbst nicht als Mord."

Das Töten eines alten Menschen ohne ein Motiv, das darüber hinausgeht, dass ihr der Patient lästig war, erfüllt für sie offenbar nicht die Voraussetzungen eines Mordes – und im Grunde macht es das fast noch schlimmer: weil es offenbart, dass ihre Patienten für sie so wenig wert sind, dass deren bewusst herbeigeführter Tod etwas Geringeres als Mord ist. Mayer selbst sagt aus: „Ich bereue das alles, es war unrichtig, was ich getan habe, aber was soll ich sagen, ich hab nix Böses im Sinn gehabt, ich wollte nur ganz einfach Schmerzen lindern und niemandem etwas Schlechtes tun. Ich bin da so hineingekommen. Ich bin überhaupt ein Mensch, der sehr viel auf andere hört."

„Die Todesengel von Lainz", sagt der Wiener Bürgermeister Helmut Zilk nach dem Bekanntwerden des Falles, „erinnern mich an die Todesengel von Auschwitz". Aber die Ermittlungen zeigen ein komplexeres Bild, die Pflegerinnen dürfte nicht nur Grausamkeit getrieben haben. Sie alle waren keine diplomierten Schwestern, mussten aber oft dieselben Arbeiten verrichten, und waren sowohl fachlich als auch moralisch massiv überfordert.

Beschwerden sollen zu Versetzungen auf die „Haut" geführt haben – dort liegen die Aids-Patienten, und dorthin will 1989, als die Krankheit noch tödlich verläuft, niemand.

Umstritten ist die Rolle des Verantwortlichen für den Pavillon, Franz Xaver Pesendorfer: „Ich und mein ganzes Team haben durch unseren pausenlosen medizinischen Einsatz ungeheuerliche Verbrechen aufgedeckt, Verbrechen, die es in unserem Land in diesem Bereich noch nie gegeben hat. Wir haben Furchtbares zutage befördert, gleichzeitig aber auch Fürchterliches verhindert", sagt er. Vom damaligen Wiener Bürgermeister Helmut Zilk hingegen wird er suspendiert – vor allem wegen der Vorgänge um den Tod von Anna Urban, die letztlich zu keiner Aufdeckung der Mordserie führten. Die Suspendierung wird vom Verwaltungsgerichtshof als rechtswidrig aufgehoben, Pesendorfer tritt dennoch von seinem Job zurück.

Die Biografien der Täterinnen eint das, was Hannah Arendt wohl als Banalität des Bösen bezeichnet hätte. Waltraud Wagner ist zum Zeitpunkt ihrer Verhaftung 30 Jahre alt, sie kommt als Tochter eines niederösterreichischen Bauern zur Welt. Die erste Klasse Volksschule muss sie wiederholen, eine „Lernverwahrlosung", aber keinen unterdurchschnittlichen Intelligenzquotienten diagnostiziert ihr ein Gutachter. Am Krankenschwesterndiplom scheitert sie, weil sie in Anatomie durchfällt und die Schule in der Folge verlässt. „Die Lehrschwestern waren einfach schrecklich. Wenn man zum Beispiel ein Buch im Studierzimmer vergessen hat, bekam man es nur zurück, wenn man zehn Schillinge Strafe bezahlte." Sie arbeitet seit ihrem 17. Lebensjahr als Pflegerin in Lainz, ihr Chef bezeichnet ihre Arbeit als „ausgezeichnet". 1982 soll sie begonnen haben, sich mit „Sterbehilfe" zu beschäftigen. Einem Gutachter erzählt sie, dass ihre Großmutter während ihrer Kindheit lange bettlägerig gewesen sei, bevor sie gestorben ist, und dass sie sie gerne erlöst hätte.

Irene Leidolf ist 27, als sie verhaftet wird. Sie sieht als junge Erwachsene ihrem Vater beim Sterben zu, er leidet an Bauchspeicheldrüsenkrebs, und sie habe ihm teilweise sein wucherndes Geschwür selbst weggeschnitten, was sie furchtbar „angeekelt" habe. Diese Zeit habe sie nur überstanden, indem sie „einfach abgeschaltet" habe. Er stirbt 1982. Sie gibt dieses Erlebnis vor Gericht als Motivation an, ihren Patienten „Sterbehilfe" gegeben zu haben. Mit 19 Jahren wird sie schwanger, das Kind gibt sie zur Adoption frei. Schon vor alledem beginnt sie 1979 nach einer abgebrochenen Ausbildung zur Krankenschwester im Pavillon V von Lainz als Stationsgehilfin zu arbeiten.

Die gebürtige Jugoslawin Stefanija Mayer kommt 1967 nach der Scheidung von ihrem ersten Mann nach Österreich, mit 49 Jahren wird sie festgenommen. Sie arbeitet bereits seit 1972 in Lainz, einem Gutachter erzählt sie, dass sie gegen die Mundspülungen gewesen sei, weil sie als Kind einmal fast ertrunken wäre. Sie hat selbst Kinder und Enkelkinder, um die sie sich liebevoll kümmert.

Auch Maria Gruber scheitert an der Krankenschwesternausbildung im Lainzer Spital, wird aber dennoch als Pflegerin angestellt. 1990 will sie ihren Lebensgefährten heiraten, mit dem sie ein Kind hat. Anfang April 1989 wird sie 25-jährig verhaftet.

Bei keiner der vier wird eine psychiatrische Auffälligkeit festgestellt.

Es dauert nach der Verhaftung fast zwei Jahre, bis der größte Mordprozess der Zweiten Republik im Großen Schwurgerichtssaal des Wiener Landesgerichts beginnt. Als „Herrin über Leben und Tod" bezeichnet der Staatsanwalt die Haupttäterin Waltraud Wagner am ersten Verhandlungstag. Sie besteht darauf, aus Mitleid gehandelt zu haben. Sie habe begonnen, „Menschen, die schreien oder stöhnen, durch Linderung ihrer Schmerzen zu helfen", erklärt ihr Anwalt, sie selbst sagt aber auch: „Ich weiß, dass es zu viel war." Und: „Es hat keinen gegeben, der nicht gestorben ist."

Richter: „Frau Wagner, was verstehen Sie unter ‚erlösen'?"
„Von Schmerzen befreien, durch Spritzen."
„Wann ist ein Patient ‚erlöst'?"
„Manche liegen wochenlang, ohne sterben zu können. Hinterher war ich der Meinung, ihnen geholfen zu haben."
„Frau Wagner, was verstehen Sie unter Mitleid?"
„Helfen können."

In einem Brief aus der Haft schreibt Wagner: „Ich bin sehr nervös, [...] denn mein Leben ist mit dem Urteil zu Ende. [...] Da soll noch jemand sagen, daß Geschworene keine Mörder sind, denn auch sie entscheiden über Leben und Tod. Ich habe das Leben noch vor mir, die anderen hatten ihr Leben bereits gelebt [...] und ein Recht zu sterben."

Verurteilt werden am 29. März 1991 nach 17 Verhandlungstagen die Haupttäterin Waltraud Wagner wegen 15 Morden und 17 Mordversuchen, Irene Leidolf wegen fünf Morden und zwei Mordversuchen. Das Urteil lautet in beiden Fällen auf lebenslänglich. Stefanija Mayer erhält 20 Jahre Haft für sieben Mordversuche, Maria Gruber 15 Jahre für zwei Mordversuche.

Die Urteilsverkündung nach 17 Verhandlungstagen muss unterbrochen werden, weil Waltraud Wagner bei der Verkündung ihrer lebenslangen Freiheitsstrafe zusammenbricht. „Ein Versagen der Menschlichkeit" nennt der *Kurier* den Lainz-Skandal nach dem Ende des Prozesses. Es ist ein Versagen ohne Konsequenzen. „Auch der Schock von Lainz hat es nicht zuwege gebracht, wirkliche Reformen in Gang zu setzen", kommentiert die *Presse*.

Der 2010 verstorbene Psychiater Stephan Rudas vergleicht die Reaktionen auf die Tötungsserie mit etwas, was er das „mitteleuropäische Orgasmusverhalten" nennt: „Nach einer schnellen Erregung folgt die rasche Entladung, führt zum raschen Einschlafen und der steten Verweigerung, über diesen Vorgang nachzudenken."

Tatsächlich sind die Konsequenzen aus dem Fall überschaubar, die vielleicht nachhaltigste: Das Krankenhaus Lainz wird in Krankenhaus Hietzing umbenannt, das benachbarte Pflegeheim heißt nun „Geriatriezentrum Am Wienerwald". Auch die Inhaftierten haben sich neue Namen gegeben und leben mit neuer Identität wieder in Freiheit – am 7. August 2008 werden die beiden Haupttäterinnen Waltraud Wagner und Irene Leidolf als letzte des Quartetts vorzeitig aus der Haft entlassen.

Alt und egal:
Warum Patiententötungen so selten erkannt werden

Lainz ist bei weitem kein Einzelfall. Nicht einmal der einzige mit österreichischer Beteiligung. 1914 entflieht Carl Menarik der Katastrophe, die als der Erste Weltkrieg über Europa hereinbrechen wird. Von Wien aus macht er sich auf den Weg nach New York. Die Freiheitsstatue, das Symbol jener, die in den USA ein neues Leben beginnen wollen, ist noch jung: 1886, drei Jahre vor Menariks Geburt, wird sie eingeweiht. Menarik gibt sich wie viele andere Immigranten einen neuen Namen, er heißt nun Frederick Mors. Mors, wie der Tod auf Latein. Es ist nicht viel über seine Kindheit und Lebensverhältnisse bekannt, aber ganz arm kann er nicht gewesen sein: Er mietet sich in New York in einem guten Hotel ein und erklärt dort, ein riesiges Messer am Gürtel, dass er ein berühmter Jäger sei und in den Rocky Mountains Bären erlegen wolle.

In Wirklichkeit findet er einen Job in jenem Stadtteil, der heute als Bronx bekannt ist. Er wird Pförtner im deutschsprachigen Pflegeheim „Odd Fellows", sieht sich aber selbst offenbar eher als Arzt: Stets wird er einen weißen Kittel und ein Stethoskop tragen. Bald werden ihm auch Aufgaben übertragen, die eher denen eines Krankenpflegers entsprechen. Und irgendwann, so erzählt er es jedenfalls der Polizei Anfang 1915, habe er vom Leiter der Klinik einen ganz besonderen Auftrag bekommen. „Es war eine gute Sache. Sie alle hatten große Schmerzen, die nicht gelindert werden konnten. Sie hatten keine Chance. Und sie waren psychisch und physisch nicht angenehm, weder für sich noch für andere." Seinen ersten Patienten tötet er mit Arsen, aber es wirkt nicht so, wie Mors es sich vorgestellt hatte. Der Patient leidet tagelang, bevor er stirbt.

Gleichzeitig veröffentlicht die New Yorker Stadtregierung eine Studie, die frappant an jene von Bernd Brinkmann achtzig Jahre später erinnert: Sie beklagt, dass mehr Mörder ungestraft davonkommen als jemals zuvor, weil das System der Totenbeschau versagt. Die Coroner, wie die für die Totenbeschau Verantwortlichen in angelsächsischen Ländern heißen, seien für ihre Tätigkeit nicht ausgebildet, und es sei katastrophal, wie schlecht die Todesursachenerkennung funktioniere. Viele Coroner seien außerdem bestechlich: In einem Fall sei bei einem Mann ein Aneurysma konstatiert worden, der neben einem Revolver mit einer Kugel im Kopf gefunden wurde. Auf einigen Totenscheinen steht einfach nur: „Act of God".

Beim zweiten Patienten steigt Mors auf Chloroform um. Es sei viel angenehmer, Patienten auf diese Weise zu töten. „Das ist so einfach, wie ein Baby schlafen zu legen." Es wird damals vor allem von Einbrechern genutzt, die die Wohnungsbesitzer betäuben wollen, und es ist jene Chemikalie, die zu jener Zeit genutzt wird, um Patienten für Operationen zu narkotisieren – auch dabei sterben immer wieder Menschen. Insgesamt, sagt Mors, habe er zwischen September 1914 und Jänner 1915 acht Patienten getötet. Er stellt sich der Polizei, nachdem erste Ermittlungen angestellt werden. Für die Staatsanwaltschaft stellen seine Aussagen ein Problem dar: Die Ermittler glauben, dass Chloroform bei Exhumierungen nicht nachgewiesen werden kann – obwohl dieser Nachweis bereits in den 1890ern erbracht wird. Und sie zweifeln an Mors' Geisteszustand. Sein Vorgesetzter wird wegen Mangels an Beweisen aus der Untersuchungshaft entlassen, bei Mors wird eine narzisstische Persönlichkeitsstörung diagnostiziert. Er wird in ein psychiatrisches Krankenhaus überstellt und soll abgeschoben werden. Aber zurück nach Österreich-Ungarn will er nicht: Kurz vor der Abschiebung flüchtet er aus dem Krankenhaus und wird nie mehr gesehen. Sein Fall führt zu einer Reform des Totenbeschauwesens, noch im Jahr 1915 wird eine Reform beschlossen, die eine medizinische Ausbildung für all jene vorsieht, die Todesursachen feststellen sollen.

Auch auf der anderen Seite des Atlantiks seien solche Tötungsserien schon zur Zeit der Weimarer Republik bekannt geworden, sagt der deutsche Mediziner Karl Beine, der zu dem Phänomen forscht. Er glaubt, dass solche Tötungsserien in archaischen und weniger entwickelten Gesellschaften noch viel häufiger auftreten – und dort noch viel weniger oft bekannt werden. Sie sind ein Phänomen, mit dem sich Menschen nur sehr ungern befassen: „Wir haben sowieso schon Angst, uns in ein Krankenhaus zu begeben. Wir begeben uns dorthin, weil wir in Not sind – und der Gedanke ist schwer zu ertragen, dass wir dort beschädigt werden." Es scheint undenkbar, von jenen getötet zu werden, die eigentlich helfen sollen. Aber Beispiele für mordende Ärzte und Pfleger gibt es dutzendfach, sie finden sich vor allem in Institutionen wie Krankenhäusern und Pflegeheimen, aber nicht nur.

Als sich Harold Shipman 2004 in seiner Zelle erhängt, titelt die britische Boulevardzeitung *Sun* am nächsten Tag: „SHIP SHIP HOORAY!" Der britische Arzt, der seine erste Praxis im Ort mit dem vielsagenden Namen Todmorden hat, steht im Verdacht, weit über 200 Patienten getötet zu haben. Es ist die Besitzerin eines Bestattungsunternehmens, die im März 1998 als Erste einen Verdacht äußert, weil ungewöhnlich viele von Shipmans Patienten sterben – es ist ihr unheimlich, dass ihr Geschäft wegen eines einzelnen Arztes so gut geht. Die Polizei findet jedoch keine ausreichenden Beweise. Später wird ihr vorgeworfen, unerfahrene Ermittler eingesetzt zu haben. Erst nachdem ihn im August desselben Jahres auch ein Taxifahrer, der oft ältere Patienten zu Dr. Shipman fuhr, die dann verdächtig plötzlich verstarben, beschuldigt, Patienten getötet zu haben, wird Shipman verhaftet.

Kurz nachdem Gwendolyn Graham 1986 beginnt, in einem Altersheim im US-Bundesstaat Michigan zu arbeiten, fängt sie eine Affäre mit ihrer Kollegin Cathy Wood an. Die beiden steigern ihre Lust beim Sex durch Sauerstoffmangel per gegenseitiger Strangulation, bis sie irgendwann auf die Idee kommen, ihre Patienten zu ersticken – auch diese Idee erregt sie. Sie erfinden ein Spiel: Die Initialen der von ihnen getöteten Patienten sollen das Wort M-U-R-D-E-R ergeben. Der erste Tötungsversuch scheitert; der Vorfall hat keine Konsequenzen. Im zweiten Anlauf erstickt Graham eine Patientin mit einem Waschlappen. Der Vorfall hat keine Konsequenzen. Später werden sie sogar ihren Kollegen erzählen, dass sie Patienten töten. Ihre Mordserie endet nur, weil die Beziehung zerbricht und Graham zurück in ihre Heimat Texas zieht. Wood übermannt die Schuld, sie gesteht die Taten ihrem Ex-Mann. Mindestens fünf Patienten sterben durch die Hände der beiden.

Orville Lynn Majors soll in einem Spital im US-Bundesstaat Indiana zwischen 1993 und 1995 mehr als hundert Menschen getötet haben, sechs Opfer wurden ihm nachgewiesen. „Alte Leute sollen vergast werden", hat er zu einer Kollegin gesagt.

In einem Spital in Rio de Janeiro hat Edson Guimarães im Jahr 2000 in der kurzen Zeit von Jänner bis Mai vermutlich rund 130 Menschen zu Tode gebracht, mit einem Bestattungsunternehmen hatte er einen Deal: Für jeden Sterbefall, über den er das Unternehmen informierte, bekam er rund 60 Dollar.

Tötungsserien sind auch in Frankreich, Tschechien, Japan und Norwegen dokumentiert. Zwischen 1970 und 2006 wurden laut einer US-amerikanischen Studie mit dem Titel „Serial Murders by Health Care Professionals" weltweit 52 Täter in Gesundheitsberufen verurteilt, denen 305 Tötungen nachgewiesen wurden. In fast allen Fällen werden weit mehr Tötungen vermutet als bewiesen. Harold Shipman wurde etwa nur wegen 15-fachen Mordes verurteilt, obwohl er mehr als 200 Patienten getötet haben dürfte – das jüngste Opfer unter den Verdachtsfällen war erst vier Jahre alt.

Die Zahl der Verdachtsfälle lag der Studie zufolge bei insgesamt 2.079 Menschen – mehr als sechsmal höher als jene der Verurteilungen. In Heimen und Krankenhäusern gilt noch mehr als überall sonst: Viele Tötungsserien werden wohl nie bekannt. Es gibt kaum einen Ort, an dem vorsätzliche Tötungen schwieriger zu erkennen sind, schreibt Mediziner Beine in seinem Buch „Krankentötungen in Kliniken und Heimen". Einerseits weil dort mit dem Ableben der Patienten gerechnet wird, und andererseits weil die Täter genau wissen, wie sie ihre Tötungen verschleiern können. Und auch im klinischen Bereich dürfte die Totenbeschau mangelhaft sein. Bei den 36 von Beine untersuchten Fällen von Tötungsserien in Krankenhäusern und Heimen wurde nur eine einzige bei der Leichenbeschau aufgedeckt. „Sie ist ein stumpfes Schwert", sagt Beine, und auch die Leiterin der Pathologie eines großen Wiener Spitals vermutet: Selbst wenn die Getöteten obduziert werden, ist die Chance, damit eine Tötungsserie aufzudecken, sehr gering. Zusätzlich bräuchte es auf jeden Fall noch toxikologische Untersuchungen, weil die meisten Todesfälle durch Medikamente hervorgerufen werden – die sind aber kein Bestandteil von klinischen Obduktionen.

Beine vermutet in der Gesamtbevölkerung eine noch höhere Dunkelziffer bei Tötungsdelikten als zum Beispiel Bernd Brinkmann – er geht davon aus, dass auf jedes erkannte zwei bis drei nicht erkannte Tötungsdelikte kommen. Und bei Tötungsserien in Krankenhäusern und Heimen sagt er, dass die besonderen Voraussetzungen „das Dunkelfeld bedrohlich erscheinen lassen". Im Jahr 2017 veröffentlicht er eine Studie zu diesem Thema: „Das Dunkelfeld intentional lebensbeendender Handlungen durch Ärzte und Pflegekräfte". Er befragte Ärzte und Pfleger an allen deutschen Kliniken mittels anonymisierter Fragebogen und wollte von ihnen – eingebettet in Fragen zu anderen Themen – wissen: „Haben Sie selbst schon einmal aktiv das Leiden von Patienten beendet?", „Haben Sie in den vergangenen 12 Monaten schon einmal von einem oder mehreren Fällen gehört, bei denen an Ihrem Arbeitsplatz das Leiden von Patienten aktiv beendet wurde?" und „Ist an Sie selbst schon einmal der Wunsch herangetragen worden, aktive Sterbehilfe zu leisten?"

Etwa 4.600 Fragebögen wurden retourniert, die Ergebnisse sind schockierend: Je nach Berufsgruppe haben 2,25 bis vier Prozent der Befragten von lebensbeendenden Handlungen gehört. 1,42 bis 3,39 Prozent haben – wiederum je nach Berufsgruppe – angegeben, selbst solche Handlungen gesetzt zu haben. Bei diesem Punkt kommt die dritte Frage ins Spiel: 38 bis 42 Prozent derer, die selbst lebensbeendende Handlungen gesetzt haben, gaben an, nicht um diese gebeten worden zu sein.

Nicht nur, dass es schwierig ist, den Verdächtigen ihre Taten nachzuweisen; die Klinikleiter sind oft auch zögerlich, wenn es darum geht, Verdachtsfällen nachzugehen, selbst wenn es – wie etwa in Lainz – schon jahrelang Gerüchte gibt, dass Patienten getötet werden. „Der Imageschaden, der befürchtet wird, ist größer als das Interesse an der Patientensicherheit", sagt Beine. Auch diesbezüglich war Lainz kein Einzelfall: Beine sammelte viele

Beispiele, bei denen die Täter schon lange intern Spitznamen wie „Todesvogel", „Vollstrecker", „Terminator" oder „Killer Joe" hatten.

Das Wegschauen klingt nicht nur unverständlich für Außenstehende, es hat dazu noch eine Wirkung, die zu weiteren Toten führen kann: Die Täter fühlen sich oft bestärkt, wenn es keine Konsequenzen gibt. Ihnen wird signalisiert: Dann kann ich ja weitermachen. Oft prahlen die Täter sogar mit ihren Delikten. Der US-amerikanische Sanitäter Donald Harvey kündigte einmal vor Kollegen an: „Der stirbt wohl, ich bin ja jetzt da." Er tötete zwischen dem Beginn der Ermittlungen gegen ihn und seiner Verhaftung noch 16 Menschen. Manche Täter beziehen auch ihre Kollegen ohne deren Wissen in ihre Tötungen mit ein: Sie reichen ihnen etwa vorsätzlich falsche Medikamente.

Keiner der bekannten Täter ist psychisch krank, aber vielen wird eine Selbstunsicherheit diagnostiziert. „Es sind Ich-schwache, unsichere Persönlichkeiten", sagt Beine. Hinter der Tat stecken „verschobenes Selbstmitleid und eine eigene Verbitterung. Für viele ist das Leid unerträglich, sie glauben die Patienten von ihrem Leid zu erlösen." Aber der Gedanke, dass es sich bei diesen Taten um Sterbehilfe handle, sei „völlig unhaltbar". In fast allen Fällen sind die getöteten Patienten keine, die sowieso gestorben wären. Oft sind es – wie in Lainz – lästige und anstrengende Patienten. Und die Sprache der Täter ist meist roh, sie sprechen von „krepieren" und „abkratzen" oder davon, dass jemand „nicht kaputtzukriegen ist". Eine Täterin schrieb auf einen Totenschein: „Kreislauf mäßig – bis saumäßig [...] AZ [Allgemeinzustand, Anm.] nicht unbedingt der beste [...] bitte öfter mal in LH [Leichenhalle, Anm.] nachsehen, ob Pat. noch ruhig liegt [...]. Pat. wurde auf eigenen Wunsch um 22 Uhr 18 dorthin verlegt."

Die Täter wissen, dass das, was sie tun, strafbar ist. Sie schaffen sich Ausreden für sich selbst: Die Patienten wären ja sowieso bald gestorben – auch wenn das nicht stimmt. Vieles, sagt Beine, passiert aus Überforderung heraus: „Sie schaffen statt der Krankheit den Patienten ab. Vielen sind ihre Motive im Nachhinein auch nicht mehr klar."

Krankentötungen sind erst die letzte Konsequenz, Missstände in der Pflege hingegen an der Tagesordnung; sowohl im häuslichen Bereich als auch im Spitals- und Pflegebereich, sagt die gerontologische Forensikerin Andrea Berzlanovich. Es sind die drei U, die zu Pflegemissständen führen: Unwille, Unwissen und Überforderung – auch bei vielen Tötungsserien trat zumindest eine gewisse Überforderung zutage. Ein zusätzliches Problem, sagt Berzlanovich: „Die Betroffenen können sich nicht artikulieren, oder sie tun es aus Angst nicht, weil sie Konsequenzen befürchten." Dazu komme noch ein weiteres Problem, das eher in den Köpfen angesiedelt ist: „Ich glaube, dass man nicht dran denkt, dass ein alter Mensch getötet werden kann."

Im kirchlichen Pflegeheim Clementinum im niederösterreichischen Kirchstetten werden 2016 schwere Misshandlungen von Patienten bekannt. In einem Whatsapp-Chat dokumentieren Pfleger, wie sie ihren Sadismus an Pflegebedürftigen ausleben: „Ja, ich sag's euch, das ist Lainz zwei hahahahaha" steht da etwa, oder: „Ich bin immer noch der Master of Death." Die Vorwürfe sind massiv und lassen auf Grausames schließen: Was in Lainz die „Munddusche" war, ist in Kirchstetten die „Aromatherapie": Den dementen Patienten wird Franzbranntwein auf die Genitalien geschüttet. Sie werden geschlagen und sexuell missbraucht, ihre eigenen Exkremente werden ihnen ins Gesicht geschmiert. In der Whatsapp-Gruppe bezeichnen sich Pfleger des Heims selbst als „Blauensteiner" oder als „Lainz-Schwester Waltraut".

Es gibt laut der Wiener Stadtzeitung *Falter* auch Verdachtsfälle, die auf Tötungsdelikte hindeuten: Ein Pfleger soll eine hoch fiebernde Frau ohne Decke vor ein geöffnetes Fenster gelegt haben. Vier Pfleger werden gekündigt, gegen sie wird wegen Quälens wehrloser Personen und sexuellen Missbrauchs ermittelt. Eine Pflegerin, die auf die Station versetzt wurde, bringt die Vorgänge schließlich zur Anzeige.

Zwei Leichen werden im Zuge der Ermittlungen der Staatsanwaltschaft exhumiert. Ihnen wurde vor dem Tod ein entwässernd wirkendes Medikament verabreicht, das, schreibt ein Gutachter, „den Todeseintritt [...] erheblich begünstigt" haben kann. Die medizinische Dokumentation der beiden Patientinnen ist äußerst lückenhaft, in einem Fall wird sie 17 Tage vor dem Tod komplett eingestellt. Im September 2017 werden zwei der Beschuldigten verhaftet: Sie haben wieder eine Anstellung im Pflegebereich gefunden, weshalb die Staatsanwaltschaft Gefahr im Verzug sieht. Die Ermittlungen laufen bis dato noch.

Die Kapitulation des Verstandes:
Der Fall Niels Högel

Ein neues Leben. Gerade noch. Blutverschmiert. Niels Högels Tochter steckt im Geburtskanal fest, der Herzschlag verlangsamt sich mehr und mehr. Seine Frau muss stabilisiert werden, verliert viel Blut. Letztendlich das Aufatmen: Kind wie Frau sind am Leben. Niels Högel ist, das wird er später einem Psychiater erzählen, „euphorisiert", als er seinen Nachtdienst antritt. Er will sein „Glücklichsein" aufrechterhalten, und damit ihm das gelingt, wird ein anderer diese Welt verlassen müssen, die seine Tochter gerade betreten hat. Högel injiziert einem Patienten das Medikament Gilurytmal – es führt zu Herzkammerflimmern und endet in einem Kreislaufkollaps. Niels Högel tut, was er immer tut: Um als Held dazustehen, versucht er eine Reanimation – und scheitert wie so oft davor und danach. Hero van S. stirbt um 1.32 Uhr nachts. Niels Högel kehrt nach dem Dienst zurück zu seiner Frau und seiner Tochter. Das war im Frühjahr 2004. Es war nicht sein erster Mord und auch nicht sein letzter. Bei weitem nicht.

Hundert Morde werden dem deutschen Krankenpfleger angelastet, für 85 davon wird er schließlich verurteilt. Wie fast immer in solchen Fällen dürfte die Dunkelziffer weit höher sein; in 322 Fällen wurde ermittelt. 134 Leichen auf 67 Friedhöfen wurden exhumiert. Es ist die größte Tötungsserie in der Geschichte der Bundesrepublik Deutschland seit Ende des Zweiten Weltkriegs. Die größte Serie von Krankentötungen, die überhaupt je bekannt wurde. Und die Parallelen zu Lainz fast 30 Jahre zuvor sind erschreckend. War Waltraud Wagner in Lainz als „Hexe" verschrien, so war in den Kliniken Oldenburg und Delmenhorst, in denen Högel arbeitete, vom „Todes-Högel" die Rede. Von „Niels und seinem schwarzen Schatten" oder „Niels und dem Sensenmann" sprachen die Kollegen. Auch hier unternimmt niemand etwas, im Gegenteil: Das systemische Versagen und das kollektive Wegschauen sind in diesem Fall noch viel deutlicher dokumentiert als im Fall der Todesengel in Lainz.

Und wie bei den „Todesengeln" in Lainz findet sich in Högels Biografie keinerlei Hinweis darauf, wie er zum Massenmörder wurde. Er kommt 1976 in Wilhelmshaven in Niedersachsen zur Welt, sein Vater ist – wie er später – Krankenpfleger, seine Mutter Rechtsanwaltsgehilfin. Auch Högels Großmutter war Krankenschwester, der Pflegeberuf liegt in der Familie. Seine Eltern schicken den kleinen Niels in die erste Integrierte Gesamtschule Niedersachsens, die sich dadurch auszeichnet, individuell auf die Entwicklung der Schüler einzugehen.

„Ich hätte erwartet, dass jemand, dem Menschenleben nichts wert zu sein scheinen, in der Schule ein auffälliges Kind gewesen sein müsste. Niels war das nicht. Ganz und gar nicht", erzählt ein ehemaliger Lehrer, der Högel sechs Jahre lang unterrichtet, dem *Spiegel*. Er spielt Fußball, hat eine Freundin, alle Zeichen stehen auf ein unauffälliges Leben. Nichts deutet darauf hin, dass der Name Niels Högel irgendwann um die Welt gehen wird.

Fast wäre es auch nie dazu gekommen, und Högel wäre mit hunderten Morden davongekommen. Am 7. Februar 2000 soll er mit 23 Jahren zum ersten Mal getötet haben, etwa ein halbes Jahr, nachdem er begonnen hatte, in den Städtischen Kliniken Oldenburg zu arbeiten. Er injiziert einer Patientin das Medikament Lidocain und versucht sie in der Folge zu reanimieren – dieses Schema wird er über die Jahre beibehalten. Die Patientin verstirbt.

Was in den Jahren danach geschieht, beschäftigt die Gerichte und das ganze Land seit geraumer Zeit. Ein Schlüsselmoment dabei ist eine Dienstbesprechung im August 2001 auf der herzchirurgischen Station, auf der Högel arbeitet. Das Thema: die ungewöhnlich hohe Sterberate auf der Station, vor allem zu Högels Dienstzeiten. Mehr als die Hälfte, 58 Prozent, aller Todesfälle passieren da. Auch die Liste der Personen, die am häufigsten reanimieren, führt Högel an, bei weitem. 18 Reanimationen. Doppelt so viele wie jene beiden Mitarbeiter, die sich mit neun Reanimationen den zweiten Platz teilen. Högel ist bei der Sitzung anwesend und fürchtet vermutlich, aufgeflogen zu sein: Er nimmt drei Wochen Urlaub. Fast hätte er recht behalten: Der Chefarzt soll seine Ärzte gebeten haben, ein Auge auf ihn zu werfen.

Der Stationsleiter hat sich mit der Geschäftsleitung und anderen Stellen beraten, es wird überlegt, die Staatsanwaltschaft einzuschalten, es hätten jedoch die Beweise gefehlt. In einem Dokument hat der Stationsleiter laut *Spiegel* zudem den Satz vermerkt: „Die Gefährdung der Abteilung, ja des gesamten Klinikums ist nicht zu akzeptieren aufgrund von Verdachtsmomenten und Zufällen." Auch der Betriebsrat ist auf der Seite Högels und mutmaßt, die Häufung von Todesfällen während seiner Dienste könne auch Zufall sein. Das halte er für nahezu ausgeschlossen, soll der Klinikchef geantwortet haben. In den drei Wochen, in denen Högel auf Urlaub ist, sterben auf der Station lediglich zwei Personen. In diesen drei Wochen verfliegt Högels Angst offenbar – es gibt ja keine Konsequenzen.

Am 13. September kehrt er in den Dienst zurück, hat drei Nachtdienste hintereinander. Fünf Patienten müssen während dieser drei Schichten insgesamt 14-mal reanimiert werden, sie alle kommen ums Leben. Jahre später weisen die Ermittler bei drei der Verstorbenen Gilurytmal nach; Högels bevorzugtes Mittel, Patienten zu töten. Es ist ein Herzmedikament, das normalerweise nur selten verabreicht wird. Ein einziges Mal in ihrer Zeit als Krankenschwester habe sie es gebraucht, erzählt eine Kollegin Högels später. Und da habe sie einen Arzt gebeten, es zu verabreichen, weil ihr das zu heikel sei. Högel hingegen sei mit aufgezogenen Spritzen herumgelaufen. Thematisiert wird der hohe Gebrauch des Medikaments nie.

Im November 2001 stellt Högel einen Antrag auf Versetzung innerhalb des Klinikums Oldenburg und arbeitet ab Dezember auf der Anästhesie. Rund neun Monate später, im September 2002, wird ihm dort der Kontakt zu Patienten untersagt, nachdem mehrere von ihm betreute Patienten in Lebensgefahr geraten oder versterben. Der Chefarzt der Anästhesie stellt ihn vor die Wahl: Entweder er wechselt bei vollen Bezügen in den Hol- und Bringdienst, also den Krankentransport, oder er verlässt die Klinik – bei sofortiger Freistellung, Bezügen für drei weitere Monate und zu alledem auch noch: einem guten Zeugnis.

So wird der unter groben Verdacht Geratene aus der Klinik weggelobt: „Er arbeitete umsichtig, gewissenhaft und selbstständig. In kritischen Situationen handelte er überlegt und sachlich richtig", steht in seinem Dienstzeugnis. Das Problem Högel wird nicht gelöst, sondern abgeschoben. Das wird dutzenden weiteren Menschen den Tod bringen. Wie kann es sein, dass all den Verdachtsfällen nicht nachgegangen wurde? „Weil dieser Tatvorwurf oder dieses Geschehen so überdimensional ist, so unglaublich, dass keiner das irgendwie denken wollte", mutmaßt Högel selbst im Gespräch mit den Ermittlern.

Ab Dezember 2002, da ist er 25 Jahre alt, arbeitet Högel auf der Intensivstation bei den Städtischen Kliniken Delmenhorst. Es dürfte nur eine Woche gedauert haben, bis Högel wieder beginnt, gezielt Herzstillstände herbeizuführen, um auch bei seinem neuen Arbeitgeber mit seinen Reanimationskünsten zu glänzen. Zu Beginn sind sie tatsächlich beeindruckt in Delmenhorst. Von seinem medizinischen Fachwissen, aber vor allem von dem Einsatz, den er bei Reanimationen an den Tag legt. Er wartet nicht auf den Arzt, er intubiert Patienten zwischen Leben und Tod mit einer erstaunlichen Selbstverständlichkeit. Seine neuen Kollegen basteln ihm aus einer Kanüle eine Tapferkeitsmedaille, als ein Patient durch seine Reanimation am Leben bleibt.

Nur wenig später ist er als „Rettungsrambo" verschrien, der sich für niedere Arbeiten, wie Patienten zu waschen, wenig interessiert. „Pillepalle-Arbeiten" nennt er das. Und mordet munter weiter. 2002, im Jahr vor seinem Dienstantritt, werden im Krankenhaus Delmenhorst 50 bis 60 Ampullen Gilurytmal verbraucht, 2004 sind es 380. Högel kann es unkontrolliert bestellen, braucht dafür keine ärztliche Freigabe. Die Zahl der Toten verdoppelt sich. Vor 2003 sterben pro Jahr auf der Intensivstation zwischen 76 und 98 Menschen, 2003 steigt die Zahl auf 177, 2004 sind es 170.

Im Klinikum Delmenhorst lernt er im Frühjahr 2003 seine spätere Frau kennen, die beiden heiraten im April 2004, einige Wochen später wird die Tochter geboren. Seine neue Familie ändert offenbar nichts an Högels Verlangen zu töten. Im Mai 2005 verdichten sich auch in Delmenhorst die Verdachtsmomente: Ein Krankenpfleger fischt zwei leere Ampullen Gilurytmal aus dem Mistkübel im Zimmer eines verstorbenen Patienten, er überreicht sie der stellvertretenden Stationsleiterin – wieder passiert nichts, außer dass auf der Station geraunt wird, man wisse jetzt, wie er es mache. Drei weitere Patienten sterben, bevor Högel am 22. Juni 2005 auf frischer Tat ertappt wird.

Er ist gerade dabei, das Zimmer von Dieter Maaß zu verlassen, der im künstlichen Koma liegt, als der Alarm ertönt: Kammerflimmern. Kein Wunder: Jemand hat den Perfusor mit seinem kreislaufstärkenden Mittel auf null gestellt. Er wird erfolgreich reanimiert, verstirbt aber einen Tag später an einer Lungenentzündung. Im Abfalleimer wird einmal mehr Gilurytmal gefunden.

Nach dem Tod von Dieter Maaß erstattet das Klinikum Anzeige wegen schwerer Körperverletzung. Am 25. Juni zeigen Blutbefunde: Ihm wurde tatsächlich Gilurytmal injiziert. Bei einer Dienstbesprechung wird entschieden, Högel solle seinen Dienst noch ungestört beenden, am Tag danach ist er sowieso auf Urlaub. Das gibt ihm die Chance, ein letztes Mal zu morden: Die 67-jährige Renate R., die wegen eines Oberschenkelhalsbruchs eingeliefert wird, stirbt laut Staatsanwaltschaft als Letzte durch Niels Högels Hände.

Im Dezember 2006 wird Högel zu fünf Jahren Haft und ebenso langem Berufsverbot wegen versuchten Totschlags verurteilt. Allen weiteren Verdachtsmomenten wird nicht nachgegangen. Dieter Maaß' Witwe Heidrun bekämpft das Urteil: Sie will zumindest ein lebenslanges Berufsverbot erreichen. Im Oktober 2007 hebt es der Bundesgerichtshof auf: Das Gericht habe den Mordvorwurf nicht ausreichend geprüft – der Prozess muss wiederholt werden.

Weil sein Urteil nicht rechtskräftig ist, bleibt Högel zunächst auf freiem Fuß. Er arbeitet in einem Altenheim in Wilhelmshaven, heuert dort beim Rettungsdienst an, wo er wegen seines Alkoholkonsums entlassen wird. Aus dieser Zeit werden später keine Morde bekannt. Aber die Medienberichte zu dem Fall bringen eine Lawine ins Rollen: Kathrin Lohmann wendet sich 2008 an die Polizei, weil sie damals schon Zweifel hatte, dass beim Tod ihrer Mutter im Jahr 2003 alles mit rechten Dingen zugegangen sei. Auch Christian M. wendet sich an die Behörden: Sein Großvater sei nach einer Magenoperation unerwartet auf der Intensivstation gestorben. Unterdessen wird Niels Högel bei der Wiederholung seines Prozesses im Juni 2008 wegen versuchten Mordes und gefährlicher Körperverletzung zu siebeneinhalb Jahren Haft und lebenslangem Berufsverbot verurteilt, im Mai 2009 tritt er seine Haftstrafe an.

Er weiß nicht, dass weiter gegen ihn ermittelt wird. Acht Patienten, die während Niels Högels Schichten starben, werden 2009 von der Staatsanwaltschaft exhumiert. Bei fünf von ihnen wird Gilurytmal nachgewiesen. Im Gefängnis soll Högel erzählen, dass er bei 50 Morden aufgehört habe zu zählen. Er soll sich bereits 2012 vor Mithäftlingen als der „größte Serienmörder der Nachkriegsgeschichte" bezeichnen. Die Ermittlungen gegen ihn dauern sechs Jahre, doch sie bringen nur einen Bruchteil des Grauens ans Tageslicht: Am 10. Jänner 2014 klagt die Staatsanwaltschaft Oldenburg Högel wegen drei Morden und zwei versuchten Morden an.

Im September 2014 beginnt der Prozess gegen Högel, wieder melden sich Angehörige Verstorbener auf Högels Stationen. Zwei Monate später wird die Sonderkommisson „Kardio" ins Leben gerufen: 15 Beamte sollen klären, wie viele Menschen Högel tatsächlich zu Tode gebracht hat. Der Zähler bleibt letzten Endes bei 100 stehen. Für so viele Morde muss sich Högel vor dem Landesgericht Oldenburg verantworten.

Am 6. Juni 2019 wird er wegen 85-fachen Mordes verurteilt, 43 davon gesteht er. Högels Taten seien, sagt der Richter bei der

Urteilsverkündung, „etwas, was jegliche Grenzen sprengt und jeglichen Rahmen überschreitet. Herr Högel, Ihre Taten sind unbegreiflich – es ist so viel, dass der menschliche Verstand kapituliert vor der schieren Anzahl der Taten." Vor der Urteilsverkündung meldet sich Högel selbst zu Wort, was er sagt, klingt so banal, dass es die Vermutung nahelegt, er habe die Schwere seiner Schuld selbst nicht begriffen: „Bei jedem Einzelnen möchte ich mich aufrichtig für all das, was ich Ihnen über Jahre angetan habe, entschuldigen."

UNERWÜNSCHTE NEBENWIRKUNGEN

Das große Desinteresse:
Woran die Österreicher wirklich sterben

„Die Todesursachenstatistik ist die zentrale Grundlage für wichtige Indikatoren in Epidemiologie und Gesundheitspolitik" – so beschreibt die Statistik Austria ihr Sterberegister, das seit 1947 in dieser Form existiert. „Sie ist ein Indikator dafür, wie gut das Gesundheitssystem eines Landes funktioniert", erzählt die Verantwortliche für Todesursachenstatistik, Barbara Leitner, bereits 2008 dem *Standard*. Sie beklagt sich schon damals darüber, dass immer öfter „Todesursache unbekannt" auf dem Totenschein stehen würde. Es sei ein Anzeichen einer schwindenden Qualität dieser Statistik, wenn Todesursachen nicht mehr genau ermittelt werden.

2008 war das 128-mal der Fall, 2018 genau dreimal so oft, 384-mal. Das sei aber immer noch besser, sagt Leitner, als würde einfach „Herzversagen" hingeschrieben werden – und nährt damit die oft geäußerte Vermutung, dass das sehr häufig vorkommt. Immer wieder stolpert sie auch über Todesursachen, die sie stutzig machen: wenn ein Totenbeschauarzt etwa eine „Kohlenmonoxidvergiftung" feststellt, die ohne Obduktion eigentlich gar nicht zu diagnostizieren ist. Meistens aber ist es für Leitner nicht feststellbar, ob der Totenschein, der bei ihr einlangt, tatsächlich korrekt ist – von ihrem Schreibtisch aus kann sie eben nicht überprüfen, ob das Herzversagen wirklich eines war oder ob der Totenbeschauarzt einfach zu faul war, genauer hinzuschauen und etwas Elaborierteres hinzuschreiben.

Ganz grob heruntergebrochen ergibt die Todesursachenstatistik für die 83.975 Verstorbenen des Jahres 2018 folgendes Bild: 32.684 Österreicher starben 2018 an Herz-Kreislauf-Erkrankungen, 20.574 an „bösartigen Neubildungen", also Krebs, 5.546 an Krankheiten der Atmungsorgane, 4.492 an Vergiftungen und Verletzungen und 2.799 an Krankheiten der Verdauungsorgane. Alle anderen Todesarten ergeben 17.880 Verstorbene.

Aber viele Personen leiden nicht nur an einer Krankheit: „Ab einem gewissen Alter habe ich eine Multimorbidität und drei Erkrankungen, und davon nimmt sich der Totenbeschauarzt halt eine heraus. Inwieweit das stimmt, sei dahingestellt", sagt der Gerichtsmediziner Johann Missliwetz. Oft würden auf den Totenscheinen Mutmaßungen stehen wie: „SM?" Das heißt: vielleicht ein Selbstmord. „Der hat eine Überdosis, ein bisschen mehr als normal, aber auch nicht so viel, dass man sagt, das kann niemand unabsichtlich schlucken", erklärt Missliwetz. Meistens würden Fragen wie diese nicht geklärt. Obduktionen allein seien auch nicht immer ausreichend, um die Todesursache zu klären, auch Pathologen und Gerichtsmediziner können nicht alles sehen: Bluthochdruck oder Osteoporose seien bei der Obduktion nicht feststellbar. „Was soll ich machen, eine Rippe brechen und schauen, wie leicht das geht?", sagt Missliwetz. Es müssten deshalb sowohl pathologische wie klinische Befunde in die Herleitung der Todesursache einfließen.

Die Todesursachenstatistik ist laut Statistik Austria die Grundlage für viele gesundheitspolitische Entscheidungen. Sie wird für eine Prognose der Krebssterblichkeit genutzt, genauso für Studien über Umweltauswirkungen auf die Sterblichkeit, für die Identifikation neuer Risikofaktoren für bestimmte Bevölkerungsgruppen, für die Prognose, wie sich eine Krankheit entwickeln wird und vieles andere mehr. Es ist ein Problem, wenn sie nicht stimmt.

Dass sie nicht stimmt, darüber sind sich fast alle einig. „Die Todesursachenstatistik ist insuffizient, weil sie auf einer zu geringen Obduktionsrate fußt", sagt Gerichtsmediziner Martin Grassberger – und die Totenbeschau eben oft danebenliegt (siehe Kapitel Totenbeschau). Dieses Thema beschäftigt ihn viel mehr als übersehene Morde, und nicht nur wegen der Statistik insgesamt: „Im Alltag geht es auch auf der Gerichtsmedizin um viel mehr als nur um Tötungsdelikte. Es geht um Verletzungen durch Misshandlungen, häusliche Gewalt, die Rekonstruktion von Autounfällen, um Schmerzensgeldansprüche, um die Frage, ob jemand Suizid begangen hat oder nicht, ob Angehörige die Lebensversicherung bekommen."

Der Vorstand eines Instituts für Pathologie, er muss aus beruflichen Gründen anonym bleiben, erzählt von einem Fall, mit dem er als Gerichtsgutachter zu tun hatte: Ein Mann wird tot am Ende einer Kellerstiege irgendwo in Niederösterreich gefunden. Offensichtlich ist er die Stiege hinuntergefallen, aber die Totenbeschauärztin schaut genauer hin; sie entdeckt ein Lymphom. Todesursache des Mannes laut Totenschein: „Tod durch Sturz bei bekanntem Lymphom". Hätte der Mann keine private Unfallversicherung gehabt, die Sache wäre damit erledigt gewesen. Aber die Versicherung wollte nicht zahlen, sie behauptete, der Sturz sei die Folge des bösartigen Lymphoms gewesen.

Das ist der Punkt, an dem der Pathologe als Sachverständiger ins Spiel kommt. Das Lymphom, stellt er fest, sei lediglich ein entzündlich geschwollener Lymphknoten gewesen. Die Totenbeschauerin wollte in diesem Fall zu exakt sein, das war der Fehler. „Gut gedacht, aber leider falsch", sagt er trocken. Mit dem Tod des Mannes hat der Lymphknoten nichts zu tun. Aber wenn es kein bösartiges Lymphom war, was ist stattdessen passiert? War der Mann betrunken und auf dem Weg zum Nachschub? Hatte er einen Herzinfarkt und ist gestürzt? Wurde der Mann geschubst? Hatte er einen Schlaganfall? Hat er ein neues Medikament verschrieben bekommen, das er nicht vertragen hat, wurde ihm deshalb schwindlig?

Die Frage ist, sagt der Pathologe: Interessiert das jemanden abseits der Versicherung? Den größten Einbruch bei den Obduktionen gibt es im klinischen Bereich – wenn es nur darum geht, die Todesursache zu klären, nicht einen Mord. Allein von 2004 bis 2018 hat sich die Zahl der klinischen Obduktionen mehr als halbiert, von 13.552 auf 6.073; während sich die Zahl der Verstorbenen im selben Zeitraum von 74.292 auf 83.975 erhöhte.

In neun von zehn Fällen, in denen Medikamente tödliche Nebenwirkungen hatten, haben das Pathologen herausgefunden, sagt er. „Ob wir in Zukunft noch wissen werden, welche Antibiotika zu schwersten Leberschäden führen, das weiß ich nicht." In den Siebzigern, erzählt er, ist es zu einer Häufung von Bauchspeichelentzündungen als Todesursache bei Tumorpatienten gekommen. Bis sich gezeigt hat: Wenn zwei bestimmte Medikamente kombiniert werden, kommt es zu dieser Entzündung. „Es ist zwar dann der Tumor weg, aber auch die Bauchspeicheldrüse. Das wurde von Pathologen aufgedeckt", sagt er. „Wir verschenken sehr viel Informationen mit den unklaren Toten. Uns gehen viele Informationen über Nebenwirkungen von verschiedenen Eingriffen und Medikamenten schlicht und einfach verloren."

Das betreffe nicht nur die Todesursachen: Das Tumorregister der Statistik Austria sei darauf angewiesen, dass die Ärzte alle entdeckten Tumore melden. Das erste Problem: Die Meldepflicht betrifft nur die Spitäler, nicht die niedergelassenen Ärzte. Das zweite: Diese Informationen seien mehr als lückenhaft. „Da kommt es zu lustigen Dingen, wie dass manche Abteilungen bei einzelnen Tumoren bis zu fünfzig Prozent aller Fälle in ganz Österreich melden und so ein völlig verzerrtes Bild der Tumorhäufigkeit in einzelnen Regionen entsteht."

Der Grund liegt für ihn nicht nur in der Tatsache, dass es Geld kosten würde, genauer hinzuschauen. „Wir Pathologen überschreiten ein Tabu, das ist der Tod. Die Gesellschaft aber will mit Vergänglichkeit nichts zu tun haben."

Zahlenspiele:
Wie viele Suizide und Drogentote
nicht erfasst werden (sollen)

Ende Juni 2019 wird im Burgenland eine Mutter tot neben ihrem wenige Monate alten Baby gefunden. Eine Überdosis Heroin. Im Juli wird ein 22-Jähriger im niederösterreichischen Neunkirchen tot im Stiegenhaus abgelegt, auch er ist an einer Überdosis gestorben. In Tirol stirbt im April ein erst 15-Jähriger an seinem Drogenkonsum.

Spektakuläre Todesfälle wie diese schaffen es in die Zeitungen, aber die meisten Drogenabhängigen sterben leise und unbeachtet. Im Jahr 2017 (das sind die aktuellsten vorliegenden Zahlen) starben 126 Menschen in Österreich an einer Überdosis. In 80 Prozent der Fälle wurden Mischintoxikationen mit Opiaten im Blut festgestellt. Und da wird es schon kompliziert: Die 126 drogenbezogenen Todesfälle sind jene, bei denen eine Obduktion vorgenommen wurde; in 122 Fällen beinhaltete sie eine toxikologische Analyse. In Österreich werden seit 2007 aber zwei Statistiken zu Drogentoten geführt: Während davor alle Leichen mit Verdacht auf Überdosis obduziert wurden, wird nun zwischen sogenannten „verifizierten direkt drogenbezogenen Todesfällen" und der Summe der vermuteten drogenbezogenen Todesfälle insgesamt unterschieden. Letztere Zahl inkludiert jene Toten, bei denen eine Überdosis durch den Totenbeschauarzt vermutet, diese aber nicht durch eine Obduktion verifiziert wird. Dass die Diagnose Überdosis korrekt ist, kann in diesen Fällen vermutet, aber nicht endgültig bestätigt werden. 28 Todesfälle wurden 2017 durch eine äußere Leichenbeschau als drogenbezogene angenommen.

Die Angaben über die tödlichen Substanzen im Blut beziehen sich nur auf 122 dieser Todesfälle, jene mit Obduktion und toxikologischer Analyse. Diese Untersuchungen sind aber für die Drogenpolitik durchaus relevant: In vier Fällen wurden bei den Toten etwa neue synthetische Opioide festgestellt – Fentanyl etwa, das bei der Opioidkrise in den USA für die meisten Todesfälle sorgt. Etwa 72.000 Menschen sollen dort allein im Jahr 2017 an einer Überdosis gestorben sein. Erstmals wurde 2017 in Österreich auch Carfentanyl nachgewiesen, eine hoch potente chemische Droge, die in den USA als „serial killer" oder „drop dead" bezeichnet wird. Sie gilt als 10.000-mal potenter als Morphin. Es wäre gut zu wissen, würden daran auch in Österreich Menschen sterben.

Der Leiter der Pathologie eines österreichischen Spitals vermutet Absicht hinter der sinkenden Obduktionsrate bei Verdachtsfällen von Drogentoten: „Die Gerichtsmedizin in Wien, und das unterstelle ich jetzt, ist draufgekommen, dass es in Wien überdurchschnittlich oft nachweisbare Drogen gibt, wenn sie obduzieren", sagt er. „Bei Obdachlosen unterbleiben die Obduktionen komplett." Er ist mit dieser Vermutung nicht alleine: Bereits 2010 warnte die damalige Drogenkoordinatorin des Bundes, Johanna Schopper, dass die Drogenstatistik wegen der sinkenden Obduktionsraten „zunehmend ungenau" werde und die offiziellen Zahlen lediglich als Untergrenze zu sehen seien. Die Zahlen aus dem Jahr 2009, auf die sie sich damals bezieht, sprechen von 187 verifizierten und insgesamt 206 vermuteten drogenbezogenen Toten. Aber die gemeldeten Verdachtsfälle liegen in diesem Jahr weit höher: Es waren 363. Der Pathologe Alexander Nader erzählt schon 2014 dem *Standard*, dass er von Fällen gehört habe, bei denen Obduktionen nicht beantragt wurden, um die Statistik zu schönen.

Auch Nestor Kapusta, Psychiater am Wiener Institut für Psychoanalyse und Psychotherapie, hat mit einem ähnlichen Problem zu kämpfen. Seit vielen Jahren forscht er zum Thema Suizid. „Ich will verstehen, wieso sich Menschen das Leben nehmen", erzählt er. Ein Ansatz wäre: Suizidraten verschiedener Länder zu vergleichen. „Es gibt die Hypothese, dass Länder unterschiedlich hohe Suizidraten haben, weil in einem Land mehr Alkohol getrunken wird oder die Menschen gesellschaftlich unter hohem Druck stehen", sagt er. Allerdings: Das passt mal, dann wieder nicht. Ein valides Muster ergibt sich aus den Zahlen nicht. Vielleicht, weil es kein solches Muster gibt. Vielleicht aber auch, weil die Zahlen einfach nicht zu vergleichen sind. Manche Länder sehen bei den Suiziden genauer hin, andere sehen sogar ganz bewusst weg. „Gerade in muslimischen Ländern ist der Suizid sehr geächtet, da findet man Suizide eher in anderen Kategorien der Todesursachenstatistik, etwa den unbekannten Todesursachen", sagt Kapusta.

Und noch ein weiterer Faktor ist bedeutend, wenn es um Suizidraten geht: Wie viele Suizide überhaupt als solche erkannt werden. Und hier gilt wie bei Drogentoten und Tötungsdelikten: Je weniger obduziert wird, desto eher werden sie nicht als solche erkannt. 2011 war Kapusta Mitautor einer Studie („Declining autopsy rates and suicide misclassification: a cross-national analysis of 35 countries"), die erstmals einen Zusammenhang von Suizid- und Obduktionsraten nachweisen konnte. Sie kommt zu dem Schluss, dass ein Rückgang von einem Prozentpunkt bei den Obduktionsraten zu einem Rückgang von 0,42 Suiziden pro 100.000 Einwohnern in der Statistik führt.

Die österreichische Suizidstatistik liegt im Jahr 2017 bei 14,6 pro 100.000 Einwohnern. Und laut dem Bericht 2018 für „Suizid und Suizidprävention in Österreich" sinkt die Suizidrate seit den 1980er Jahren stark, damals war sie bei knapp über 30 pro 100.000 Einwohner. Genauso ist aber auch die Obduktionsrate gesunken – seit den frühen Achtzigern von 35 auf zehn Prozent. Angesichts der Ergebnisse der Studie von Kapusta bedeutet das, dass 10,5 Suizide pro 100.000 Einwohner übersehen werden. Damit läge die tatsächliche Suizidrate bei 25,1 statt 14,6 pro 100.000 Einwohnern – und damit viel näher an den Zahlen aus den 1980ern als bei jenen aus der offiziellen Statistik.

Das würde eine Suizidrate von 25 pro 100.000 Österreichern pro Jahr bedeuten. Zum Vergleich: Die Suizidrate in den frühen 1980er Jahren lag bei knapp über 30 pro 100.000 Einwohnern; der Rückgang an Suiziden wäre dann also weit weniger stark. Und eine sinkende Obduktionrate ist bei der Entdeckung von nicht offensichtlichen Suiziden besonders gefährlich: „Junge Menschen werden viel öfter obduziert, weil da auch das Interesse höher ist zu wissen, woran sie gestorben sind." Menschen, die Suizid begehen, sind aber tendenziell eher älter.

Auch dass die Zahl derer, deren Todesursachen mit unbekannt angegeben wird, stark ansteigt (siehe Kapitel „Leichen im Keller"), nährt die Vermutung, dass Suizide und Drogentote nunmehr eher übersehen werden. Die Situation ist genauso paradox wie bei den Tötungsdelikten: Je weniger der Staat hinschaut, desto besser steht er in der Statistik da.

Verschwiegen und vertuscht:
Warum es in Österreich (offiziell)
kaum Behandlungsfehler gibt

83.975 Österreicher sind im Jahr 2018 verstorben. Die meisten von ihnen, rund 57.500 Personen, waren zum Zeitpunkt ihres Todes in einem Spital oder einem Pflegeheim. Sie waren in ärztlicher Behandlung, und es sollte in den meisten Fällen schnell klar sein, woran sie gestorben sind. So steht es ein paar Kapitel weiter oben.

So klar, wie es sein sollte, ist es aber leider nicht. Im Mai 2016 geht eine aufsehenerregende Studie der Johns-Hopkins-Universität in Washington DC um die Welt: In den USA sind ärztliche Behandlungsfehler nach Herzerkrankungen und Krebs die dritthäufigste Todesursache – zehn Prozent der Todesfälle in den Vereinigten Staaten sollen darauf zurückzuführen sein, dass Ärzte ihre Patienten falsch behandeln. Das sind rund 250.000 Tote jedes Jahr.

Die Definition von Behandlungsfehlern wird von den Autoren der Studie relativ weit gefasst: Sie verstehen darunter nicht nur falsch gesetzte Schnitte bei Operationen oder die Vergabe von falschen Medikamenten, sondern auch falsche Einschätzungen oder vermeidbare ungewollte Konsequenzen des ärztlichen Handelns. Etwa den Fall eines 19-jährigen Texaners, der während eines Laufs tot zusammenbrach, wenige Wochen nachdem ihm Herzrhythmusstörungen diagnostiziert worden waren. Der einzige Rat seines Kardiologen nach seiner Entlassung aus dem Spital war, für 24 Stunden nicht Auto zu fahren – dass Laufen für ihn gefährlich sein könnte, hat ihm niemand gesagt.

Manche glauben, dass diese Zahlen der Studie noch niedrig angesetzt sein könnten: Der Arzt John T. James, Vater des verstorbenen 19-Jährigen, vermutet in einem 2013 erschienenen Fachartikel, dass 440.000 US-Amerikaner jedes Jahr nach Behandlungsfehlern versterben. 2010 veröffentlichte offizielle Zahlen gehen von 180.000 Toten durch Behandlungsfehler in den USA aus – immer noch eine erschreckend hohe Zahl an Verstorbenen. Dass die Dunkelziffer höher ist als die offiziellen Zahlen, ist für die Forscher der Johns-Hopkins-Universität geradezu unvermeidlich: Behandlungsfehler werden auf den Totenscheinen oft einfach nicht vermerkt – und wie in Österreich sind diese Totenscheine die Basis für Statistiken über das Ableben der Bevölkerung.

Wenn die Ergebnisse der Johns-Hopkins-Universität auch auf Österreich zutreffen, wenn also zehn Prozent der Todesfälle auf Behandlungsfehler zurückgehen, dann würde das bedeuten: Rund 8.400 Todesfälle allein im Jahr 2018. Zum Vergleich: Im selben Jahr gab es exakt 400 Verkehrstote. „Ich sehe keinen Grund, warum diese Zahlen auf Österreich nicht zutreffen sollten", sagt Patientenanwalt Gerald Bachinger. „Sie werden nicht exakt gleich sein, bewegen sich aber sicher in derselben Größenordnung." Und: „Wenn eine Fluglinie eine solche Todesrate hätte, wäre sie pleite."

Behandlungsfehler als Todesursache werden in Österreich überhaupt nicht geführt. Eine einzige wissenschaftliche Annäherung an das Thema gibt es aus dem Jahr 2011: Für eine Studie an der Wiener Gerichtsmedizin werden 7.200 gerichtliche Obduktionen zwischen 1990 und 2000 auf mögliche medizinische Behandlungsfehler untersucht. Von diesen 7.200 Verstorbenen waren ziemlich genau 2.000 Verstorbene vor ihrem Tod in ärztlicher Behandlung – kommen also für Behandlungsfehler infrage. Insgesamt werden aus diesem Pool 55 Obduktionsprotokolle gefunden, bei denen der Tod auf einen Behandlungsfehler zurückgeht.

30 davon sind Operationszwischenfälle, 19 fahrlässige Behandlungsfehler, und sechs haben mit falsch verabreichten Medikamenten zu tun. In 40 Fällen gibt es Gerichtsakten zu diesen Todesfällen. 36-mal werden die Ermittlungen eingestellt, zweimal werden die angeklagten Mediziner freigesprochen. Zwei Angeklagte werden schuldig gesprochen. In Österreich, glaubt Gerichtsmediziner Johann Missliwetz, würden Verdachtsfälle erst geäußert, „wenn man eh schon zu 95 Prozent sicher ist, wenn es wirklich offensichtliche Fälle sind".

Während also in den USA jeder zehnte Todesfall auf ärztliche Behandlungsfehler zurückgehen soll, kommt die österreichische Studie auf nicht einmal ein Prozent jener Toten, die gerichtlich obduziert wurden – und das sind selbst lediglich rund zwei Prozent der Toten. Die vorsichtig formulierte These der Studienautoren aus Österreich: „Aus diesem Grund muss die Möglichkeit, dass medizinische Behandlungsfehler nicht erkannt werden, in Erwägung gezogen werden." Patientenanwalt Bachinger ist weniger vorsichtig: „Da kann ich nur lachen. Das heißt nichts anderes, als dass man nicht hinschaut. Das, was bei den rechtsfolgenden Einrichtungen landet, das ist nur die Spitze des Eisbergs."

Bekannt wurde zum Beispiel der Fall der 23-jährigen Kristin Rehberger, die sich 2008 im Krankenhaus Göttlicher Heiland in Wien ihre schmerzenden Senkfüße korrigieren lassen will – und kurz nach der Operation stirbt. Die Nebenwirkungen der Schmerzmittel multiplizieren sich, nachdem ein Turnusarzt eigenmächtig die vorgegebene Medikation geändert hat.

Am Abend des 16. April 2018 stolpert der 17 Monate alte David über ein Sofa, sein Muttermal an der Wange beginnt zu bluten. Aus Angst vor einer Infektion fahren ihn seine Eltern ins Spital, dort wird er operiert – obwohl er nicht nüchtern ist. Nach Beendigung der Operation atmet er Erbrochenes ein, elf Tage später stirbt er an den Komplikationen.

„In vielen Organisationen wird versucht, in intransparenter Weise einen Deckel draufzuhalten auf alles, was schiefgelaufen ist. Was auch deshalb schlecht ist, weil das Lernpotenzial wegfällt", sagt Bachinger. Den Kliniken in Österreich würde es an Feedbackkultur mangeln. Für ein Spital wäre es ein Problem, wenn öffentlich würde, dass die Komplikationsrate höher ist als in einem anderen. Große deutsche Krankenhäuser wie die Charité hätten regelmäßig gut besuchte klinisch-pathologische Obduktionskonferenzen vor medizinischem Publikum, erzählt Gerichtsmediziner Martin Grassberger, der auch einige Jahre als Krankenhauspathologe gearbeitet hat: „Dort tauschen sich dann der Radiologe, der Internist und der Pathologe regelmäßig aus, da gibt es so gut wie immer einen Lerneffekt bei allen Beteiligten. In Österreich ist das bisher nur in den sogenannten Tumorboards im kleinen Kreis realisiert."

Auch jene Behandlungsfehler, die nicht tödlich enden, können verheerende Konsequenzen haben: 2008 wird die sechs Wochen alte Nadine Strobl in der Klinik Innsbruck an der Leiste operiert, nach der Operation hat sie massive Hirnschäden. Im Jahr 2012 wird eine 30-jährige Frau, die zuvor ihr zweites Kind zur Welt gebracht hat, nach einer Hirnblutung falsch behandelt; auch sie ist seitdem schwerbehindert.

Arnulf Benzer, mittlerweile pensionierter Oberarzt der Innsbrucker Klinik, wirft den Behörden in beiden Fällen vor, die Angehörigen der falsch Behandelten im Dunkeln darüber gelassen zu haben, was bei der Behandlung schiefgelaufen ist – beziehungsweise dass überhaupt etwas schiefgegangen ist. In internen Mails beklagt Benzer, dass sowohl die Dokumentation der Krankengeschichte von Nadine Strobl als auch die fehlende Betreuung nach den eingetretenen Komplikationen „sicherlich nicht den Standards unseres Fachs gerecht" wird. Die Klinik versuchte das möglichst nicht öffentlich werden zu lassen. In den internen Mails ist auch die Rede von einem Todesfall durch einen Behandlungsfehler, der nie öffentlich wurde.

Auch im Fall der 30-jährigen Frau mit Hirnblutung, sagt Benzer, „wollte keine Seite eingestehen, einen Fehler gemacht zu haben" – die Staatsanwaltschaft ermittelt gegen Unbekannt und stellt die Ermittlungen wieder ein, ohne die Angehörigen zu informieren. Das Problem für Laien ist: Sie können oft nicht beurteilen, ob die Komplikation unvermeidlich oder ein Behandlungsfehler ist. „Der Vater hat eine schwere Operation und stirbt, der nette Oberarzt erklärt, dass das eine Komplikation ist, die aufgetreten ist und nicht verhindert werden konnte", sagt Bachinger. Der ehemalige Oberarzt Benzer fordert deshalb eine Kultur der Offenheit und des Eingestehens von Fehlern: „Patienten sind kooperativ und tolerant, wenn man ihnen offen gegenübertritt. Es gibt eine Wertschätzung für Ärzte, die fast schon unverdient ist", sagt er heute.

Selbst wenn mögliche Behandlungsfehler an die Staatsanwaltschaft herangetragen werden, würde diese oft mauern, beklagt der Pathologie-Vorstand. „Es gibt bei der Staatsanwaltschaft eine zunehmende Ablehnung der Obduktion als qualitätssichernde Maßnahme", sagt er. 2018 habe er einen Fall angezeigt, weil ein Patient bei der Einleitung einer Routineoperation verstorben war, „die wir im Jahr ungefähr 12.000-mal machen, ohne dass jemand stirbt". Seine Vermutung: Der Patient habe Medikamente genommen, die er nicht angegeben hat. Es sei „ein klassischer Fall von Eigen- oder Fremdverschulden". Geklärt wurde diese Frage nicht. Die Staatsanwaltschaft lehnt eine Obduktion ab, „mit dem Hinweis, dass der Informationsgewinn nicht so groß ist, dass es das Leid rechtfertigen würde, das man den Angehörigen zufügt", sagt der Pathologe. Und: „Diese Erfahrung haben fast alle unserer Kollegen gemacht."

Und gerade in den vergangenen Jahren sei noch ein weiteres Problem dazugekommen: In einem Fall sei eine Pflegebedürftige eingeliefert worden, die Wunden bis zu den Knochen hat, aus denen Maden geholt werden. Sie stirbt im Spital. „Ist da nicht die Grenze erreicht zum Tod durch Vernachlässigung? Diese Fälle mit Wundliegen kennen alle Krankenhäuser", sagt der Pathologe. „Ich habe zweimal angezeigt. Verdacht auf Fremdverschulden durch unterlassene Hilfeleistung oder unterlassene Pflegeleistung. Wurde trotz Anzeige vom Gericht kategorisch abgelehnt. Ich kenne niemanden, der bewilligt bekommen hätte, dass unterlassene Hilfeleistung der Grund für eine gerichtsmedizinische Obduktion gewesen wäre."

Alle diese Missstände seien seit Jahren bekannt, sagt er. Ob jene bei der Totenbeschau, bei der Staatsanwaltschaft oder bei der Gerichtsmedizin. Bloß kümmere es niemanden. Er habe sich mittlerweile damit abgefunden – das sei eben einfach so. Denn: „Wo bleibt der Aufschrei?", fragt er. „Die Bevölkerung interessiert es nicht, die Politik interessiert es nicht, außerdem kostet es Geld." Er fürchtet: Es wird keinen Aufschrei geben. Auch wenn er notwendig wäre.